OBÉISSEZ A VOS SUPÉRIEURS ET LEUR SOYEZ SOUMIS PARCE QU'ILS · Y · PRENNENT GARDE

PRENNENT GARDE

B

Michael Jordan KULTE, SEKTEN UND MYSTERIEN

Die Originalausgabe erschien unter dem Titel
Cults
bei Carlton Books, London.
© Carlton Books Ltd. 1996
© Michael Jordan 1996

Die Deutsche Bibliothek – CIP-Einheitsaufnahme
Jordan, Michael:
Kulte, Sekten und Mysterien : Stifter – Lehren – Traditionen / Michael Jordan.
Aus dem Engl. von Elisabeth Frank-Grossebner. – München: Hugendubel, 1996
Einheitssacht.: Cults <dt.>
ISBN 3-89631-174-3

© der deutschen Ausgabe Heinrich Hugendubel Verlag, München 1997
Alle Rechte vorbehalten

Produktion: Print Company Verlagsges.m.b.H., Margaretenstraße 87, 1050 Wien
Lektorat: Silvia Idinger, Wien
Umschlaggestaltung: Zembsch' Werkstatt, München, unter Verwendung von
Motiven von The Image Bank
Satz: motter & motter, Wien
Printed and bound in Dubai

ISBN 3-89631-174-3

SPHINX

Michael Jordan

KULTE, SEKTEN UND MYSTERIEN

Stifter – Lehren – Traditionen

Aus dem Englischen von
Elisabeth Frank-Großebner

INHALT

Kaum eine Woche vergeht, ohne daß die Presse von Aktivitäten eines Kultes berichtet. Dennoch gelingt es selten, die Hintergründe zu beleuchten. Die verantwortlichen Organisationen bleiben im Dunkeln, sie können ihr Tun meist ungehindert fortsetzen und weiter Menschen in ihren Bann ziehen. Die Folgen für einzelne und deren Familien sind oft tiefgreifend und verheerend.

In den letzten Jahren ist das Interesse an Kulten praktisch überall auf der Welt explosionsartig gestiegen, vor allem unter jungen, leichter beeindruckbaren Menschen. Das Kultphänomen ist nichts Neues, Kulte gab es immer schon. Eine Erklärung für das Ausufern religiöser Randgruppen findet sich vielleicht im Leitartikel der britischen „Daily Mail" vom 24. Februar 1996, der sich mit dem Recht der Moslems auf getrennten Religionsunterricht befaßt:

„Nie waren die Grundsätze des Christentums – wie jene des Islams und des Judentums – wichtiger als heute: Aufrichtigkeit, Treue, die Integrität der Familie, Wohltätigkeit gegenüber den weniger Bevorzugten. Diese Werte liegen allen zivilisierten Gesellschaften zugrunde. Gleichzeitig sind sie aber jene Werte, die gerade die entwurzelten, trägen, schwachen und oft morallosen Jugendlichen so bitter nötig hätten, die unser Bildungssystem heute in großer Zahl hervorbringt. Es ist tragisch, daß Kinder in staatlichen Schulen mit einer Art Religionsersatz abgespeist werden und über keinerlei Glauben, Sinn und Engagement verfügen." Diese Form der Kritik ist nicht besonders neu. Kulturen kranken immer wieder am Verlust religiöser Werte. Es ist daher auch kaum überra-

schend, daß viele, die sich in der heutigen Gesellschaft spirituell und moralisch verloren fühlen, alternative Wege zum Glauben und zum Sinn des Lebens suchen. Das Problem, das sich uns in den neunziger Jahren stellt, kommt allerdings aus zwei Gründen stärker zum Tragen. Zunächst gehen wir auf das dritte Jahrtausend zu, was für alle Bedeutung hat, die sich einer Endzeitphilosophie verschrieben haben und den Jüngsten Tag bevorstehen sehen. Eine Vielzahl von „Adventistenkulten" bereitet sich auf die Wiederkehr Christi als Weltenrichter und den unvermeidlichen Zusammenbruch unserer materiellen Welt vor. Außerdem sind Kulte heute politischer als je zuvor. Vor allem in den USA und in Japan sind die sogenannten „Wahnsinnskulte" am äußersten Rand der Szene kollektiv davon überzeugt, die politische Weltordnung ändern und die Vorherrschaft erringen zu müssen, um wenigstens einem Teil der Menschheit Leiden zu ersparen.

Eine kleine, aber vielsagende Einsicht in die Macht des Kultglaubens findet sich in einem etwas älteren Zeitungsbericht. Am 2. November 1984, als der Kalte Krieg noch in vollem Gang war, bezog sich der „American National Catholic Reporter" auf Ronald Reagans Theorie von der Machbarkeit von Atomkriegen und vertrat – wie viele stark auf das Evangelium bauende Katholiken – die Ansicht, die Gerechten würden in den Sekunden vor dem Weltuntergang zum Herrn berufen und dadurch vor der Massenvernichtung gerettet werden. Der atomare Fatalismus war charakteristisch für den Rechtskatholizismus der siebziger und achtziger Jahre und dessen Philosophie, daß ein Atomkrieg durch

die Politik der Entspannung nicht vermieden werden könne – die einzige Rettung läge daher in den Händen der Jungfrau Maria. Ernüchternd ist allerdings, daß auch ein US-Präsident das glaubte. Die meisten Kulte, die es heute gibt, können für sich keinerlei Originalität in Anspruch nehmen. Viele imitieren ältere Vorbilder. Die heutigen „Adventisten", die mit dem Brustton der Überzeugung das Ende der Welt für ein bestimmtes Datum vorhersagen, wiederholen nichts als die ehrwürdigen Klischees der Bibel, wie sie beim Propheten Daniel und in der Offenbarung zu finden sind. Diese beiden Quellen wurden durch die Jahrhunderte wiederholt analysiert und lieferten den Stoff für immer neue Auslegungen, wie, wann und warum die Welt untergehen wird.

Der Großteil der Kulte bietet einen Weg zum Heil, ein spezielles „Augenzwinkern Gottes", das nur die Eingeweihten zu sehen bekommen und das die Amtskirchen den Menschen angeblich nicht geben können. Die Kultanhänger sind die einzig Normalen, während wir in unserem Wahnsinn verharren und dem Untergang entgegengehen. In diesem Glauben, diesem unbezwingbaren Moralgefühl und dieser spirituellen Überlegenheit liegt die Stärke der Kulte, und gleichzeitig, wie die Geschichte gezeigt hat, ihre größte Schwäche und ihr Tod.

Ziel dieses Bandes ist es, einen Einblick in die Methoden und das Denken von Kulten und Sekten der Vergangenheit und der Gegenwart zu geben und einige der Persönlichkeiten zu beleuchten, die neue Religionsbewegungen aufgebaut und damit das Schicksal derer bestimmt haben, die sich um sie scharten und scharen.

Voodoo-Zeremonie: Eingeweihte beim Tanz.

„AUS DEM CHAOS TRATEN EREBOS UND DIE DUNKLE NACHT, UND DIE NACHT GEBAR DEN ÄTHER UND DEN TAG AUS IHRER VERBINDUNG DER LIEBE ZU EREBOS. UND DIE ERDE GEBAR DEN STERNENHIMMEL, IHR ZU GLEICHEN, SIE ZU UMGEBEN AUF ALLEN SEITEN UND SICHERE WOHNUNG ZU SEIN DEN GEHEILIGTEN GÖTTERN.“

Hesiod, Theogonie

■

Die Religion war fester Bestandteil des Erdenlebens der frühzeitlichen Menschen. In welchem Verhältnis steht die Religion zum Kult, worin unterscheidet sie sich von ihm? Man verbindet das Wort „Kult“ heutzutage eher mit der Frühzeit als der Neuzeit. In Wörterbüchern finden sich zwei Definitionen: „System des religiösen Glaubens“ und „formaler Ablauf der religiösen Verehrung“. Zudem bezeichnet es eine Sekte oder eine unorthodoxe bzw. falsche Religion, die oft durch die übertriebene Verherrlichung einer Person oder eines Gedankens gekennzeichnet ist. Die erste Definition trifft eher zu, auch weil man damals keine Vorstellung von einem unorthodoxen oder falschen Glauben hatte. Erst mit der Verbreitung der großen monotheistischen Religionen entstanden Besitzansprüche. Nichts könnte diese Ansprüche besser ausdrücken als das Zweite Gebot: „Du sollst Dir keine anderen Götter machen neben mir“ (Exodus 20,2).

Die Kulte, von denen dieses Kapitel handelt, waren zu ihrer Zeit Teil der gesellschaftlichen Struktur. Sie waren die anerkannten Formen der Verehrung in einer Gemeinschaft oder befriedigten die spirituellen Bedürfnisse einer Minderheit. Von den zahlreichen Kulten der Frühzeit sind die meisten nicht überliefert. Nur eine Handvoll ist nicht in Vergessenheit geraten. Von einigen davon soll hier die Rede sein.

Die Kulte der Frühzeit spiegeln oft einen Glauben wider, der mit Verehrung und Angst vor der ungeheuren Macht der Natur einhergeht. Die Kluft zwischen unserem Denken und dem unserer frühzeitlichen Vorfahren ist jedoch enorm, und es fällt uns schwer, ihre Glaubensgrundsätze zu verstehen. Ihre kompromißlose Welt der Elemente und Steine, des Himmels, der Pflanzen und Tiere war Teil einer Welt, in der die Anhänger dieser Kulte oft verletzbare und furchtsame Mitspieler waren. Die Unbeweglichkeit eines Berges, ein Lichtstrahl, ein Unwetter oder der unbezwingbare Widerstand eines Bären, Löwen, Stiers oder Hirschen barg für sie spirituelle Kraft. Diese Dinge waren die physischen Manifestationen einer höheren unsichtbaren Macht, an der der mensch-

„Tritt ein in eine dieser vorsintflutlichen Hallen, und Du findest Antworten, die Dein Herz stillstehen lassen. Die Natur um Dich ist überwältigend. Die Zeit und unaufhaltsame Kräfte haben die Erde zu einer Vielzahl von Dingen geformt, die die menschliche Vorstellungskraft übersteigen. Phantastisches Getier lauert rundum, und riesige Orgelpfeifen ragen in den unendlichen Raum. Sie trotzen den Gesetzen der Architektur, sie machen den Menschen klein und doch erhaben. An diesen Orten wohnen die Götter."

(GODS OF THE EARTH)

liche Eindringling nicht teilhatte. Vielmehr war er ihr Sklave, gefangen in den eigenen körperlichen und geistigen Schwächen.

---

*Wandmalereien aus Lascaux,
Südwest-Frankreich – um 15.000 v. Chr.*

DIE ERSTEN KULTE
•

Die Menschen, die in den Nebeln der Frühgeschichte lebten, waren Abenteurer, Pioniere; getrieben von Neugierde und Energie, forschten und kämpften sie, um eine neue Welt zu

Die Munhata-„Venus", Jordanien, 4. Jhdt. v. Chr.

bezwingen. Sie erkannten, daß in der Natur ungeheure Kräfte schlummerten, und glaubten, daß sie sich nur stark genug um Antworten auf ihre Neugier und Bedürfnisse bemühen mußten, damit die Geister hinter diesen Kräften vielleicht bereit sein würden, ihnen entgegenzukommen. Der Weg zu diesem Treffpunkt führte über Mythen und Rituale, in denen die Taten der Geisterwelt und die Besänftigung ihrer unsichtbaren Angehörigen weitergegeben und dargestellt wurden. Der Weg war gefährlich, konnte aber den Menschen bei richtigem Vorgehen große Macht bringen – die ersten Kulte entstanden.

Bei den wenigen heute noch verstreut lebenden Jägern und Sammlern

hat die Welt eine materielle und eine spirituelle Ausformung, als hätte das menschliche Denken das Januswesen der eigenen Natur erkannt und dieses Prinzip auf die gesamte Natur angewandt. Der Jäger erkennt die spirituelle Kraft des Tieres und weiß, daß das Jagen und Töten den Schutzgeist der Kreatur erzürnen kann. Aus diesem Grund werden Tiere aus dem ehrlichen Bedürfnis nach einer Versöhnung der Geister geopfert.

Als mit dem Entstehen der landwirtschaftlichen Kulturen die Jagd an Bedeutung verlor und das Interesse des Menschen sich zunehmend einem möglichen Leben nach dem Tod zuwandte, läßt sich beobachten, daß man allmählich dazu überging, statt Tieren nun auch Menschen zu opfern. Auch das Interesse am Pflanzenreich wuchs, denn das Grün sproß durch den Regen – den Samen der Götter – vom Himmel und hatte daher seine eigene Spiritualität.

DER AUFSTIEG DER KULTPRIESTER

•

Es bedurfte natürlich einer gewissen Denkungsart und Intelligenz, um in den gefährlichen Bereich des Austausches und der Kommunikation mit der Geisterwelt einzutreten. Jene, die diese Herausforderung annahmen, wurden zu einer Elite. Sie unterschieden sich fortan von den Uneingeweihten und erhielten durch ihre Position eine Machtstellung. Aus den einfachen ursprünglichen Mitteln des Stammesschamanen, den Erzählungen großer Götter- und Heldenmythen und der Nachahmung von Jagdtieren durch Fellkleidung ging der Kultpriester hervor. Um ihre Macht zu erhalten, entwickelten diese Vermittler eine Aura des Geheimnisvollen, was bei den gewöhnlichen Sterblichen zu der Erkenntnis führte, daß ihr Schicksal

im Leben und im Tod von den wenigen Auserwählten abhängig war. Verfehlten sie in den Augen der Götter ihren Weg, wurden sie bestraft. Krankheit war schlicht Ausdruck göttlicher Ungnade. Sollte ihr Blut zur Besänftigung eines schrecklichen, unersättlichen Numens vergossen werden, so sollte es geschehen. Ihre unsichtbaren Götter hatten durchaus menschliche Eigenschaften. Sie aßen, tranken, schliefen, freuten sich oder zürnten, kämpften, liebten und starben, auch wenn sie rasch wieder auferstanden. Ihre „menschlichen" Bedürfnisse mußten von den Kultpriestern regelmäßig mit Fleisch, Blut, Waffen, Jungfrauenopfern und anderen Formen der Besänftigung befriedigt werden.

Zu den ersten dieser Kultpriester gehörten die Schöpfer von außergewöhnlichen Zufluchtsorten, an denen sie während der europäischen Eiszeit ihre meisterhaften Malereien schufen. Tief unter der Erde Südwestfrankreichs, wo urzeitliche Ströme riesige, unterirdische Hallen ausgewaschen haben, befinden sich die ersten bekannten Kunstgalerien der Welt, in denen die Jäger und Sammler ein beeindruckendes Zeugnis ihrer Naturverehrung hinterließen. Abgeschieden von der Außenwelt und im von flackernden Talglampen spärlich erleuchteten Halbdunkel malten die ersten Kultpriester Hunderte von Tieren. Auf den Kalksteinwänden schufen sie menschliche Gestalten, Abdrücke von Menschenhänden, Genitalien und unbestimmbar okkulte Zeichen. Diese Orte, fern von jeder Ansiedlung und oft nur über kilometerlange gewundene Gänge, unterirdische Flüsse und Felsspalten erreichbar, waren vielleicht die ersten Tempel eines Kultes, der die Jagdgeister anrief, und tief unter einer in Eis und Schnee begrabenen Welt wurde ein Überleben erfleht.

DER KULT DES HEILIGEN BAUMES

Die alte assyrische Hauptstadt Ninive, von Layard.

Die Assyrer des alten Mesopotamien können für sich in Anspruch nehmen, den seltsamen Kult der Baumverehrung im 9. Jahrhundert vor Christus während der Herrschaft von Assur-nasir-apli II. zum Höhepunkt geführt zu haben. Dieser bestieg im Jahr 884 v. Chr. den assyrischen Thron und war nicht nur für die Exzesse verantwortlich, mit denen er den Großteil der bekannten Welt terrorisierte, sondern auch für den Wiederaufbau der legendären Stadt Kalakh, dem Calah der Genesis, gelegen am nördlichsten Zufluß des Tigris in der Nähe des heutigen Mosul (Irak).

Diese Form der Baumverehrung begann wahrscheinlich damit, daß ein Steckling oder Ast getragen wurde, um Fruchtbarkeit oder eine Göttin der Vegetation darzustellen, entwickelte sich aber mit der Zeit zu einem umfangreichen Ritus mit einem stark stilisierten und geschmückten, als „Asherah" bezeichneten Totem. Die-

ses, von den biblischen Propheten in Israel so heftig kritisiert, wurde in der Übersetzung des Alten Testaments euphemistisch als „der Hain" bezeichnet. Der „Asherah", das Abbild der heidnischen Göttin, deren Verehrung vielen israelitischen Königen, wie Ahaz und Menasseh, verführerisch erschien, war in den Augen der religiösen Führer ein „unaussprechliches Greuel", der Kult hatte aber

> „Blicke durch die klaren Augen des Gestern hinauf, und Du erhaschst einen Funken ihrer Immanenz. Stämme ragen aus der Erde empor, ihre Wurzeln kommen tief aus ihrem Schoß."
>
> (GODS OF THE EARTH)

dennoch eine riesige Anhängerschaft. Im Ersten Buch der Könige findet sich ein Hinweis auf seine Popularität. Der Prophet Elias forderte den götzenanbetenden König Ahab heraus, 450 Propheten des Baal und 400 Priester des „Asherah" an Jahwe, dem Gott der Israeliten, zu messen. Die Propheten des Baal fanden den Tod und ertranken im Fluß Kishon, die „Asherah"-Priester blieben offenbar verschont.

ZU EHREN DES HEILIGEN BAUMES

•

In der assyrischen Stadt Kalakh finden sich bemerkenswerte Beweise für die Verbreitung des Baumkults. Zu den gegen Ende des 19. Jahrhunderts ausgegrabenen Ruinen gehörte auch ein riesiger Palast von mehr als 10.000 Quadratmetern Grundfläche. Die Wände der Prunkräume in diesem im Nordwesten gelegenen Palast zierten Tafeln mit dem seltsam stilisierten Heiligen Baum, dem der König und

Baumverehrung – Specksteinplatte aus dem Thronsaal von Kalakh.

sein Hofstaat stehend oder kniend Reverenz erwiesen. Hinter dem Thron hing ein großartiges Relief, über dem die berühmte geflügelte Scheibe schwebte, die die Assyrer aus der ägyptischen Tradition entlehnt hatten. Der Heilige Baum steht im Mittelpunkt, während der König und ein geflügelter Gott in einem Spiegelbild der Anbetung vor ihm stehen.

Daß der Herrscher eines mächtigen Reiches vor einem simplen beblätterten Objekt kniete, ist um so erstaunlicher, wenn man an seinen Ruf als Mann aus Stahl denkt. Und doch sanken auch seine Nachfolger, die solch absolute Macht hatten, daß sie sich selbst als „Große Könige der Welt" bezeichneten, davor auf die Knie. Fürsten, Kaufleute und Schreiber trugen Faksimiles der Rituale zu Ehren des Baumes in ihren Taschen. Dennoch ist uns nicht eine einzige Zeile überliefert, die den Kult schlüssig erklären würde. Möglicherweise entstand er aus der sumerischen Tradition, nach der die Himmelsgöttin Inanna einen Baum von den Ufern des Euphrat als Symbol wählte, aber mit Sicherheit kann man es nicht sagen. Die Mesopotamier verwischten ihre Spuren zu gut.

Ironischerweise ist die Bibel eine gute Quelle für Informationen über die Baumkulte. Aus dem Alten Testament weiß man, daß der mit Edelsteinen und Flaggen geschmückte Baum aus Holz und Metall war und wenig Ähnlichkeit mit einem echten Baum hatte.

DAS HEILIGE SYMBOL DER FRUCHTBARKEIT

•

Vieles spricht dafür, daß der Baum die Gegenwart der Göttin des Lebens, der Himmelskönigin, versinnbildlichte, denn in seinem Schmuck dürften sich auch Fruchtbarkeitssymbole befunden haben. Die blattartigen Palmetten spiegeln das urzeitliche Symbol des in sieben Kammern geteilten Schoßes wider, und in den Darstellungen auf den Tafeln von Kalakh sieht man oft den König, der sich dem Baum mit einem Eimer und einem phallusförmigen Zapfen nähert. Er könnte als heiliger Wächter dargestellt sein, dem es allein erlaubt war, sich als Hohepriester dem Schatten der Göttin zu nähern und ein Befruchtungsritual mit geweihtem Wasser - dem Samen der Götter - und einem symbolischen Phallus durchzuführen.

Der Baumkult erreichte bei den Assyrern seinen Höhepunkt, wurde den Babyloniern überliefert und setzte sich fast bis in die christliche Zeit fort. Das Abbild des Baumes dürfte in der Prozession beim Akitu-Fest getragen worden sein, dem großen babylonischen Frühlingsritus, zu dem auch die Darstellung des Schöpfungsepos mit dem symbolischen Tod und der Auferstehung des Königs gehörte. Höhepunkt des Festes war die Heilige Hochzeit - der öffentliche Liebesakt zwischen dem König und der irdischen Vertreterin der Göttin, der Lukur-Priesterin.

Spuren eines ähnlichen Baumkultes gibt es auch bei den alten Hethitern, in deren Überlieferung ein Heiliger Baum, geschmückt mit einem Schaffell voller Gaben der Natur, für den Fruchtbarkeitsgott Telepinu aufgestellt wurde. Im Schaffell befanden sich reichlich Gaben für den etwas launenhaften Gott, der über das unsichere Klima regierte. Wie diese frühzeitlichen Kulte den christlichen Gedanken des Lebensbaums beeinflußten, ist ungewiß, obgleich Rituale der Baumverehrung im Heiligen Land zwei Jahrhunderte nach Beginn der christlichen Ära dokumentiert sind.

Die Heilige Hochzeit (sumerisch).

OSIRIS UND DER TOTENKULT

Nach mythischer Überlieferung des alten Ägypten fiel Osiris, Gott des Getreides, Bruder und Gemahl der Isis, dem Mordkomplott seines eifersüchtigen Bruders Seth zum Opfer. Seth suchte den Leichnam des Osiris und zerteilte ihn in vierzehn Stücke. Isis suchte die Stücke wieder zusammen und zeugte unter Anwendung ihrer Zauberkräfte zusammen mit Osiris Horus, der später seinen Vater in einem erbitterten Kampf mit Seth rächte. Nachdem er den Sieg errungen hatte, erklärten ihn die göttlichen Richter im Diesseits zum Herrscher über die beiden Königreiche Ägyptens. Sein Vater Osiris wurde zum Richter der Seelen und übernahm die Herrschaft der Unterwelt, die jeder Ägypter passieren mußte, wenn er am Ende des Lebens in die paradiesischen

> **„Öffne meinen Mund, und ich werde von nicht endenwollenden Tagen erzählen. Ich bin die Asche, die im Herzen Ägyptens glost. Erfülle mich mit den Lichtern des Himmels."**
> (AUS DEM ÄGYPTISCHEN TOTENBUCH, IN FREIER ÜBERSETZUNG)

Gefilde des Landes Duat vordringen wollte.

So entstand der seltsame Totenkult, der an vielen Orten in Ägypten praktiziert wurde, vor allem aber in Abydos und Denderah am Oberlauf des Nils, etwa 65-80 Kilometer nördlich von Theben, und in Busiris im Nildelta. In Abydos, so weiß man,

Bittsteller vor Osiris kniend.

gab es einen kunstvollen Kultschrein aus Zedernholz, mit Einlegearbeiten aus Gold, Bronze und Lapislazuli, in dem eine vergoldete Statue des Osiris ruhte. Der Kult wurde vermutlich im Mittleren Reich um 1900 v. Chr. populär. Seine Anhänger glaubten, daß Osiris und seine Helfer zum Zeitpunkt ihres Todes über ihren Charakter urteilen und festlegen würden, ob ihre Seelen für immer verloren waren oder ob sie nach Duat kommen würden.

DAS KULTRITUAL
•

Die Texte, die von den Riten des kultischen Festes berichten, sind vielleicht absichtlich obskur gehalten. Die Rituale scheinen jedes Jahr zwischen dem 12. und 30. Tag des Monats Khoiak stattgefunden zu haben. Eines der öf-

fentlichen Ereignisse war die Bootsprozession, bei der der Gott und sein Schrein den Fluß hinunterfuhren. Dabei wurde die Barkasse symbolisch von Priestern angegriffen, die die Gegner des Gottes darstellten, bis das Boot das Heilige Ufer an jenem Ort erreichte, wo angeblich Osiris selbst und auch seine Gegner getötet wurden, um im Triumph zum Tempel zurückzukehren. Zu den Ritualen gehörte auch ein symbolisches Begräbnis des Osiris,

bei dem eine Puppe aus Tuch, ausgestopft mit Getreide, in einem Sarg aus Maulbeerholz beigesetzt wurde, nachdem der Sarg des vergangenen Jahres ausgegraben worden war. Das alte Ebenbild hatte zu diesem Zeitpunkt bereits ausgetrieben, was die Auferstehung des Gottes symbolisierte.

Der Kult hatte aber auch seine fröhlicheren Seiten. Osiris, der Urvater des Landes, galt als von der Natur überreich ausgestattet, und ein

wichtiger Teil seiner männlichen Anatomie soll auch im Tod noch voll funktionstüchtig geblieben sein – auch wenn eine andere Version der Überlieferung besagt, daß Seth gerade diesen Teil einem Krokodil zum Fraß vorgeworfen haben soll. In den Dörfern zogen die Frauen jedoch durch die Straßen, sangen und bewegten die entscheidenden Teile an marionettenartigen Abbildern des Osiris durch geschickt angebrachte Schnüre.

DER ECHNATON-KULT

Die Annahme, der Monotheismus, die Anbetung eines Gottes, sei dem Judentum zuzuschreiben und von dort an das Christentum und den Islam weitergegeben worden, ist weit verbreitet. Vermutlich stammt der Monotheismus jedoch ursprünglich aus dem Alten Ägypten. Von 1379 bis 1362 v. Chr., während der Zeit der Israeliten in Ägypten, wurde das Land von Amenophis IV. regiert. Er ersetzte das traditionelle polytheistische Pantheon unter der Führung des göttlichen Schöpfers Amun in Theben und des Sonnengottes Re in Heliopolis durch den universellen und einzigen Gott Aton. Amenophis war von der Existenz dieser höchsten Gottheit so sehr überzeugt, daß er sich von da an Echnaton nannte, was wörtlich „der den hohen Namen des Aton erhebt" bedeutet.

Es war nicht erlaubt, ein Abbild dieser Über-Gottheit zu machen, aber in Echnatons Phantasie wurde der Gott durch die Sonnenscheibe symbolisiert; zunächst geflügelt und mit ausgestreckten Händen, in Bildern, wie sie von verschiedenen Hollywoodfilmen berühmt gemacht wurden, dann stärker stilisiert mit

dem Kobrasymbol der Göttin Wadjet – der Erhalterin der königlichen Autorität in Nordägypten.

Die Ursprünge des Kultes liegen in der früheren ägyptischen Geschichte. Das Wort Aton bedeutet Sonnenscheibe, aber den Gott Aton und die Vorstellung, daß der Pharao zu seinem Schöpfer, der Sonne, zurückkehrt, gab es bereits im Jahr 2000 v. Chr. Amenophis III. setzte den Aton-Kult in Heliopolis ein, fraglich ist jedoch, ob das Interesse unter Echnaton, dessen Gemahlin Nefertiti ebenfalls eine große

Amenhotep IV. verehrt den Gott Aton.

Anhängerin des Kultes war, nicht eher politischer als religiöser Natur war. Während der Herrschaft eines Vorgängers von Amenophis III., Thutmosis IV., hatten sich die Amun-Priester eine herrscherähnliche Machtposition angeeignet, was zu einem Konflikt mit dem Pharao führte, der sich zuspitzte. Die Priester wurden so einflußreich, daß sie die Autorität des Pharaos untergruben, worauf Echnaton sie entließ. Er baute neben dem Amun-Heiligtum im Karnak-Komplex in Theben eine Kultstätte und ein Zentrum in el-Amarna, wo der Tempel zum Himmel hin offen war und die wichtigsten Rituale bei Sonnenaufgang stattfanden. Der Kult bestand nur einige Jahrzehnte, danach befahl Echnatons Nachfolger, daß alle Hinweise darauf zerstört werden sollten. Dennoch stellt er eine radikale Religion dar, die in der ägyptischen Kultur ebenso zu Unruhe wie zu Erneuerung führte. Ob sie aus der politischen Motivation eines einzelnen entstand oder der Höhepunkt der ersten religiösen Suche nach dem einzigen allmächtigen Gott war, bleibt offen.

DIE KULTE DES JUDENTUMS

Während der wechselhaften Geschichte des Judentums gab es immer wieder ketzerische Sekten, von dem Augenblick an, als Aaron unbesonnen beschloß, in Abwesenheit von Moses den Kult des Goldenen Kalbes bei den Israeliten einzuführen. Es gab jedoch kaum einen wichtigeren Kult als den Kult der Essener, der kurz vor Ende der israelitischen Geschichte entstand.

Dieser Kult, an dem in der Neuzeit als Folge der Entdeckung der Handschriften vom Toten Meer neues Interesse erwachte, wurde von einer Gemeinschaft extremer und radikaler Asketen betrieben; diese wurde gegen 200 v. Chr. in einem abgelegenen

„Im Haus des Lichts liegen die Ursprünge der Wahrheit, und aus der Quelle der Finsternis kommen die Ursprünge des Irrtums. In der Hand des Fürsten des Lichts liegt die Herrschaft über alle Gerechten; sie wandeln auf den Pfaden des Lichts. Und in der Hand des Engels der Finsternis liegt die Herrschaft über die, die irren; sie wandeln auf den Pfaden der Finsternis.“

(HANDBUCH DER DISZIPLIN, HANDSCHRIFTEN VON QUMRAN)

Poussins „Anbetung des Goldenen Kalbes“.

Gebiet am Ufer des Toten Meeres gegründet und könnte bis 200 n. Chr. bestanden haben. Nach Meinung von Joseph Campbell könnte es sich um eine Gruppe von Fundamentalisten gehandelt haben, die sich von den gemäßigten Lehren und Lebensgewohnheiten des Judentums abwandten und sich von den herrschenden Pharisäern abspalteten, welche 76 v. Chr. die Macht übernommen hatten. Manche hielten sie für „theologische Abenteurer“. Der Kult oder eine ähnliche Organisation könnte aber auch aus der messianisch-christlichen Bewegung entstanden sein, die wie die

Essener einen zutiefst apokalyptischen Glauben verfolgte und im selben fernen Gebiet an der Grenze von Syrien und Palästina ihren Anfang nahm.

DIE KULTUR DER ESSENER

•

Bei den Essenern gab es wie bei vielen anderen Kulten Initiationsriten, Armuts- und Zölibatsgelöbnisse, rituelle Mahlzeiten und eine Art reinigende Taufe. Sie lehnten die traditionellen jüdischen Opfer ab und kleideten sich in weiße Gewänder. Ihre Gemeinschaft unterlag einer strengen, beinahe militärischen Ordnung. Der spartanische Lebensstil lag in dem Glauben begründet, daß der Tag des Jüngsten Gerichts, Armageddon, bevorstand und die Kultanhänger die letzte Generation waren, die auf Erden lebte. Um sich auf das schreckliche Ereignis vorzubereiten, hatten sie ein Leben der Selbstverleugnung gewählt und distanzierten sich von den Sadduzäern, Pharisäern und Makkabäern, die in Israel herrschten. Damit standen sie in scharfem Gegensatz zur herrschenden Sozial- und Sexuallehre, die vom Tempel in Jerusalem weit verbreitet wurde. Die Entdeckung eines großen Friedhofs zeigte, daß die Gemeinschaft vor allem aus Männern bestanden haben muß; zu ihren prominentesten Mitgliedern zählte vermutlich Johannes der Täufer, der bekanntermaßen nur wenige Meilen

Schriftrolle vom Toten Meer.

vom Zentrum des Kultes entfernt predigte. Der innere Kreis der Gemeinschaft war mit Sicherheit eine reine Männerrunde, und die Frauen der Essener lebten wahrscheinlich abgesondert und widmeten sich einem Leben in Kontemplation.

Der Führer dieser klösterlichen Gemeinschaft war wohl nicht nur Verwalter, sondern auch Lehrer und Richter in Streitfällen. Er wird vermutlich, wenn nötig, auch über den Ausschluß von Mitgliedern auf Zeit oder, bei schweren Vergehen, auf Lebenszeit entschieden haben.

Wadi Qumran im heutigen Israel.

•

Die Herkunft der Handschriften vom Toten Meer, die 1947 im Wadi Qumran aufgefunden wurden, wo der Kult vermutlich seinen Hauptsitz hatte, war lange Zeit Grund zu erbitterten, akademischen Debatten; einige Wissenschafter waren der Meinung, sie seien Teil der Essener-Bibliothek gewesen. Einer der wichtigsten Texte handelt von Kriegsstrategien und deutet mit ziemlicher Sicherheit darauf hin, daß die Essener glaubten, sie würden als Söhne des Lichts im letzten Kampf gegen die Söhne der Finsternis antreten, was als Hinweis für den Zoroastrismus als Grundlage einiger ihrer Glaubensgrundsätze gewertet werden kann. Der Text beschreibt auf detaillierte Weise drei Feldzüge, die über einen Zeitraum von 40 Jahren geführt werden, wobei die ersten beiden gegen die benachbarten Israeliten ausgetragen wurden und der dritte, der 29 Jahre dauern sollte, gegen die übrigen Bösen dieser Welt. Die Essener glaubten außerdem implizit an die Existenz und Bedeutung der Engel in ihrem Kampf als Verteidiger des ewigen Lichts. Der Standort in Qumran dürfte gegen 70 n.Chr. aufgegeben worden sein, und die wertvollen Manuskripte blieben der Nachwelt in nahegelegenen Höhlen erhalten.

DIE GNOSTIKER

In den ersten beiden Jahrhunderten nach der Kreuzigung war das Christentum bei weitem keine einheitliche „Sekte", sondern in Gruppen zersplittert, von denen jede Überlieferungen und Ideologien verbreitete, die sich stark von dem unterschieden, was heute als „wahrer Glaube" gilt. Die römischen Katakomben dienten eher dazu, die Randgruppen von der Verfolgung durch die Orthodoxen zu bewahren, als daß sie sie vor den recht toleranten römischen Herren schützen mußten, für die die Christen nur eine weitere seltsame Sekte in einer ohnedies schon sektenunterwanderten Gesellschaft waren. Wie sehr die Randgruppen den orthodoxen apostolischen Führern ein Dorn im Auge waren, zeigte sich nach dem Konzil von Nizäa, das im Frühjahr 325 n. Chr. einberufen und wo eine „einheitliche Politik" erarbeitet wurde. Diese berühmte Deklaration wurde als erstes Glaubensbekenntnis oder Nizäum bekannt und endete in ihrer ursprünglichen Form mit einer offiziellen Verurteilung aller Kulte, welche „im Gegensatz zu dieser katholischen und apostolischen Kirche Gottes stehen".

DIE BIBLIOTHEK VON NAG HAMMADI

•

Zu diesen abtrünnigen Kulten gehörten die „Gnostiker", von denen man wenig wüßte, wäre nicht im Dezember 1945 ein außergewöhnlicher Fund gelungen: die Bibliothek

Die Katakomben von Rom.

„Ich bin die Erste und die Letzte. Ich bin die Gelobte und die Gescholtene. Ich bin die Hure und die Heilige. Ich bin das Weib und die Jungfrau. Ich bin die Mutter und die Tochter. Ich bin die Glieder meiner Mutter. Ich bin die Unfruchtbare, und zahlreich sind meine Söhne… Warum hassest Du mich in Deiner Weisheit?"

(AUS DEM CODEX VI, NAG HAMMADI)

von Nag Hammadi. Zwei Brüder, die in Oberägypten in der Nähe des heutigen Dorfes Nag Hammadi in der Nachbarschaft eines früheren pachomitischen Klosters nach Dünger gruben, fanden zwölf ledergebundene Kodizes. Eine Bäuerin aus der Umgebung hätte die ihrer Meinung nach wertlosen Bücher beinahe als Brennmaterial für den Backofen verwendet. Zündstoff waren sie allemal – selbst als man wußte, wie alt sie waren, wurde der Fund von der Kirche über Jahre geheimgehalten.

Die Kodizes enthielten Traktate der Gnostiker – Christen, die die Ansicht teilten, daß die Welt unvollkommen erschaffen war und man nur über sein Schicksal hinauswachsen und zu Gott finden konnte, indem man in sich Erkenntnisse sammelt – im Gegensatz zur orthodoxen Vorstellung, daß die Menschheit eine göttliche Hand zur Führung braucht. Die Bibliothek enthielt auch viele frühchristliche Texte wie etwa „Der Ursprung der Welt" und das Thomas-Evangelium, die als Häresie nicht in das später sogenannte Neue Testament aufgenommen wurden.

Über die Rituale der Gnostiker ist wenig bekannt, sie litten jedoch zweifellos unter der Verfolgung von seiten anderer Christen, viele wurden zu Tode gesteinigt oder verbannt. Die zwölf ledergebundenen Bände wurden offenbar mit großer Sorgfalt in einer Tonurne eingeschlossen vergraben – für eine zukünftige tolerantere Gesellschaft. Sie sind vielleicht ein kleiner

Der Kodex von Nag Hammadi.

Hinweis dafür, welch großes Vermächtnis ausgezeichneter christlicher Denker dem Feuer der Pedanterie zum Opfer fiel, welche Wahrheiten durch Zensur untergingen. Dem Mut eines unbekannten pachomitischen Mönchs – der die Bücher vermutlich zur Aufbewahrung erhielt und selbst sein Leben aufs Spiel setzte, als er sie vergrub – verdanken wir unser Wissen um den Glauben der Gnostiker.

HÄRESIEN

•

Die christlichen Randgruppen entstanden zum Großteil, weil vielen intelligenten Christen die biblische Geschichte von der Schöpfung logisch nicht besonders schlüssig erschien. Einer der wichtigsten Gnostiker, Valentinus, der Gründer des „Valentianer-Kultes", brachte das subtile, aber ketzerische Argument vor, daß der oberste Schöpfer eine unteilbare Einheit war und der unvollkommene Gott-Schöpfer Israels nur eine untergeordnete Ableitung. Eine weitere radikale Gruppe, die „Marcioniten", glaubten, daß der Gott Israels und der Gott, der Jesus Christus gezeugt hatte, der eine unvollkommen, der andere vollkommen, nicht eins sein konnten, da der israelitische Gott eine Welt voll Krankheit, Schmerz und Leid geschaffen hatte, während der christliche Gott für Licht und Liebe stand.

Zu den extremsten Kulten gehörten die „Manichäer", strenge Asketen, die den Lehren des persischen Philosophen Mani folgten und als Sekte in Europa bis ins Mittelalter existierten. Ihrem Namen verdanken wir den Ausdruck „manisch".

Die meisten dieser frühen christlichen Kulte propagierten in der einen oder anderen Form einen Dualismus, zwei parallele, aber getrennte Welten, eine voll Licht, Spiritualität und Gutem, die andere dunkel, materiell und im wesentlichen unvollkommen. Auf dieser Grundlage argumentierten sie, daß Jesus Christus nur eine spirituelle Form gewesen sei und niemals „fleischgeworden", da er unzweifelhaft der immateriellen Welt des Lichts zuzuordnen war.

Sie wichen auch insofern vom offiziellen Glauben ab, daß Gott männlich sei, als sie an seine Stelle eine überaus mächtige, weibliche Präsenz im Kosmos setzten, die Quelle der Erkenntnis, die die Griechen als „Sophia" bezeichnet hatten. Neben ihr war der Schöpfer der Welt nur ein Halbgott voller Neid und Mißgunst. Dieses ketzerische Gedankengut bot den Anlaß zur Verfolgung der Kulte. Bis zum Ende des vierten Jahrhunderts nach Christus waren sie zum Großteil ausgelöscht. Solange sie existierten, waren sie jedoch eine profunde Quelle des Intellekts und der Vernunft.

Ein Engel übergibt dem Hl. Pachomius, Gründer des ersten christlichen Klosters in Ägypten, heilige Schriften.

ATTIS UND KYBELE

In der langen Reihe der Tragödien inzestuösen Lebens und Sterbens, die die Fruchtbarkeitskulte der Frühzeit kennzeichnen, gibt es wohl kaum eine dramatischere oder in der Nachvollziehung blutigere, als die der anatolischen Göttin Kybele und ihres unglücklichen Gefährten Attis. Ihre Geschichte spielt in Phrygien - dem alten Reich im anatolischen Hochland, das seinen Höhepunkt etwa 800 v. Chr. erlebte - und sie ist eine Variation dessen, was schon die Sumerer und Babylonier in Mesopotamien kannten. Der phrygische Kult ist deswegen bemerkenswert, weil der Gott und die Göttin durch ihn nach Euro-

> *,,Einem nach dem anderen*
> *pulsierte die Musik*
> *in den Adern;*
> *das Auge gefesselt*
> *vom Strom des Blutes,*
> *warf er seine Kleider*
> *von sich, sprang*
> *mit einem Schrei*
> *nach vorne, ergriff eines der*
> *dazu bereitstehenden*
> *Schwerter und kastrierte*
> *sich. Dann lief er durch*
> *die Stadt und hielt das*
> *blutende Fleisch in seiner*
> *Hand. ''*
>
> (JAMES FRAZER,
> DER GOLDENE ZWEIG)

Attis und Kybele – Relief.

pa kamen. Attis, Sohn von Agdistis und Nana, die phrygische Version des Dumuzi, soll – wie der mesopotamische Gott – im Zeitalter der Helden König der Schäfer gewesen sein. In manchen Versionen des Mythos ist Kybele, Göttin des Himmels und des Lebens, seine inzestuöse Mutter, in anderen ist er der Sohn Nanas, entstanden durch unbefleckte Empfängnis, als sie eine reife Mandel an ihren Busen drückte.

Attis mußte sterben, um wiedergeboren zu werden. In manchen Legenden wird er von einem wilden Eber aufgespießt, in anderen kastriert er sich unter dem Heiligen Baum der Göttin und verblutet. Seine Leiche wird zum Nadelbaum, und aus seinen Blutstropfen wachsen Veilchen. Nach

der Legende verwest sein Körper nicht, bis er wieder aufersteht. Sein Vater Agdistis gründete in der Stadt Pessinus einen Priesterkult und ließ alljährlich zu Ehren seines Sohnes ein Fest abhalten.

Daß der Kult nach Europa kam, ist einer kuriosen militärischen Strategie zuzuschreiben. Die Römer waren vom karthagischen General Hannibal in einen langen Zermürbungskrieg verwickelt worden. Die Orakel rieten dazu, das Heiligtum der großen phrygischen Muttergöttin - ein scharfgezacktes Stück schwarzen Meteoritengesteins, das im Zentrum des Kultes in Pessinus, nahe dem heutigen Ankara aufbewahrt wurde − nach Rom zu holen und im Siegestempel auf dem Palatin aufzustellen; dann würde Rom den Zweiten Punischen Krieg gewinnen. Der Stein wurde römischen Botschaftern anvertraut, und Hannibal erlitt tatsächlich eine Niederlage. Er kehrte nach Karthago zurück, wurde dort 202 v. Chr. endgültig geschlagen und mußte den Rest seines Lebens in der Verbannung verbringen.

DER TAG DES BLUTES

•

In vielen alten Kulten des Nahen Ostens wird der Tod des Fruchtbarkeitsgottes szenisch dargestellt, aber kein Ritual ist an Blutigkeit und Grauen mit dem Tag des Blutes vergleichbar, der alljährlich am 24. März, drei Tage nach Beginn des Attisfestes, stattfand und an dem die Kybelepriester, die den Kult im Jahre 204 v. Chr. nach Rom brachten, den Tod des Attis nachempfanden. Die Priester der Göttin, die „Galli", waren keine gewohnlichen Manner, da sie mit einem furchtbaren Akt der Selbstentäußerung in ihren Dienst eingeführt wurden. Indem sie das Schicksal des Attis nachahmten, vollzogen sie ein Opfer, das keineswegs

Die phrygische Göttin Kybele.

symbolisch war, denn jeder kastrierte sich tatsächlich selbst, brachte Kybele die abgetrennten Hoden dar und vergrub sie dann in der Erde. Nachdem diese Priester sich verstümmelt hatten, trugen sie bis zum Zeitpunkt ihres Todes Frauenkleider und Schmuck. Jedes Jahr fügten sie sich zum Fest frische Wunden zu und opferten der Göttin ihr Blut und damit ihren Lebenssaft.

Zu Beginn des Attisritus wurde ein Abbild des Gottes an einem Nadelbaum befestigt. Dieser wurde mit Veilchen und bunter Wolle geschmückt und von einer ehrwürdigen Gilde von Baumträgern feierlich durch die Straßen zum Kybeletempel getragen. Die Priester und Anwärter trugen traditionell weiße Kleidung, nicht nur als Symbol der Reinheit und

Unschuld, sondern des Todes. Zunächst mag es ein hübscher Anblick gewesen sein, aber am Straßenrand standen auch finstere Vorboten, Ständer, in denen sich Messer und Schwerter befanden.

Langsam steigerte sich der Eifer der Zuseher in Ekstase, während die Priester in ihren seltsamen, orientalisch-androgynen Kostümen, kleine Attisbildnisse um den Hals, vorbeizogen. Unter ihren lautstarken Gesang und ihr kräftiges Trommeln mischten sich Schreie, als sie sich immer wieder mit Messern Wunden zufügten. Viele von der Hysterie angesteckte Zuschauer taten es ihnen gleich, indem sie sich mit irgendwelchen Werkzeugen, die sie sich aneignen konnten, verstümmelten. Manche hackten sich ohne zu zögern ihre Männlichkeit ab und brachten sie mit letzter Kraft dem schwarzen Stein dar, während das Blut, das sie verspritzten, die weißen Roben rötete.

Drei Tage nach dem Tag des Blutes begann das Hilariafest: Ihm ging eine Nachtwache bei Kerzenschein mit einer Abfolge von Ritualhandlungen voran, die deutlich an die christlichen Osterbräuche erinnern. Der Zweck der Attisriten war die Versinnbildlichung des Kreislaufs der Natur. Attis mußte sterben, um wiedergeboren zu werden und dem Boden neues Leben zu geben. Kann man darin nicht auch einen Vorläufer dessen sehen, was als Passionsgeschichte in die Bibel Eingang fand?

Der Kybelekult unterschied sich grundlegend vom Attiskult. Er war orgiastisch und oblag anderen Priestern, den „Cureten" oder „Corybanten", die ihren Namen von Corybas ableiteten, einem der mythischen Söhne der Kybele, der angeblich ihren Kult nach Phrygien brachte. Der Kult existierte bis in die Spätzeit des Römischen Reiches.

DIE FRÜHEN ORGIENKULTE

Wandbild eines dionysischen Rituals.

Während manche frühzeitlichen Kulte für Askese und Zölibat eintraten, andere wiederum Sexualität in dem Maß erlaubten, wie es einer normalen Fruchtbarkeitsreligion zukam, gingen einige einen definitiv extremen Weg und folgten hedonistischen Prinzipien, bei denen es keine Zurückhaltung gab. In den dionysischen Orgien und Bacchanalien kannte die Ausschweifung keine Grenzen.

Dionysos war ein Gott, von dem man sagen könnte, daß er „ein hartes Leben und einen noch härteren Tod hatte". Die griechische Gottheit des Weins und des Rausches war der illegitime Sohn des Göttervaters Zeus und der Semele, einer seiner vielen Liebschaften, die Hera, Gemahlin des Zeus, nicht gerade mit großer Begeisterung sah. Semele starb, als sie im sechsten Monat schwanger war: nicht durch Heras Hand, sondern durch Zeus selbst. Es war eine Ironie des Schicksals, daß sie ihn aufforderte, sich in seiner wahren Form zu zeigen, und vom Blitz erschlagen wurde, der von seiner Erscheinung ausging. Zeus entnahm ihrem Leib den ungeborenen Fötus und trug ihn selbst aus. Dionysos ist daher der „zweifach geborene Gott". Um ihn zu vernichten, führte Hera ihn in die Freuden des Weines ein und trieb ihn in jungen Jahren in den Wahnsinn. Er wurde von der phrygischen Göttermutter Kybele gerettet, und seine Reisen brachten ihn nach Indien, wo er eine Gruppe wollüstiger Satyrn und Mänaden um sich sammelte, ehe er nach Griechenland zurückkehrte. Dort war er entschlossen, alles auf den Kopf zu stellen, indem er die Orgien einführte, bei denen die Teilnehmer, meist Frauen, in unkontrollierbare, trunkene Ekstase verfielen. Er starb gewaltsam. Es heißt, er wurde von den Titanen zerrissen und verschlungen.

DIONYSOSKULTE

•

Bis man die Zugehörigkeit zum Dionysoskult erreichte, durchlief man verschiedene Stadien der Initiation; zu den besten Darstellungen dieser Riten zählen die Bilder an den Wänden einer Villa aus dem 1. Jahrhundert n. Chr., die nahe den Ruinen von Pompeji ausgegraben wurden. Sie zeigen die Dame des Hauses, sitzend, während ein junger Mann vor ihr aus einer Liturgie liest und ein Mädchen der ebenfalls anwesenden Hohepriesterin Gaben bringt. Bei den kultischen Festen, den „Antestherien", „Agrionien" und „Katagogien", wurde Dionysos durch einen Riesenphallus dargestellt, als Sinnbild sexueller Erregung. Die Teilnehmer trugen Masken, die Naturgeister darstellten. Dabei hatten alle die Absicht, ihre Hemmungen zu vergessen und sich wirklich gehen zu lassen. Zu den Riten gehörten Mysterienspiele, ähnlich jenen in der Stadt Eleusis im antiken Griechenland, und ein Teil des Interesses der Kultanhänger galt der Möglichkeit, einen Weg zum Leben nach dem Tode zu finden. Die Mysterien hatten vom 2. Jahrhundert v. Chr. an einen wichtigen Stellenwert für den Glauben der Menschen in Mittel- und Süditalien. Wiederum sind es die Fresken in der pompejanischen Villa, die ein lebendiges Bild wiedergeben, mit Darstellungen der Natur, Wahrsagung, Buße, Flagellation und bevorstehenden rituellen Verstümmelungen. Überwacht werden die Riten von Dionysos und Ariadne, der Göttin der Vegetation, von der es in der Überlieferung heißt, daß sie verführt und von Theseus auf der Insel Naxos verlassen wurde.

Zu den dionysischen Riten kamen die Bacchanalien des römischen Gottes Bacchus – die orphischen Hymnen – und die Feier der phrygischen Gottheit Sabazios. Ähnliche Feste gab es in der gesamten griechisch-römischen Welt. Vom zweiten vorchristlichen Jahrhundert an finden sich Hinweise, daß sie als Bedrohung der vom Senat vertretenen Rechtsstaatlichkeit empfunden wurden. Ihre Aktivitäten wurden zwar nicht verboten, aber eingeschränkt. Diese Maßnahmen waren jedoch vorübergehender Natur, gegen Ende des Römischen Reiches blühten die Riten wieder. Manche römische Cäsaren, etwa Caligula und Hadrian, ließen sich sogar als Dionysos abbilden.

Wie die Unterlagen einer der Kultgesellschaften zeigen, waren nicht alle Aktivitäten orgiastisch. Im April 176 n. Chr. wurde die monatliche Versammlung der Iobacci in Athen vom neuen Hohepriester Herodes Atticus überwacht. Bei dieser Versammlung wurden neue Regeln für die Gesellschaft verabschiedet, Reden gehalten, Wein getrunken, Fleisch gegessen und ein kultisches Drama aufgeführt. Es handelte sich um ein kleines offizielles Fest, bei dem die Mitglieder dem Gott in relativer Zurückhaltung Tribut zollten. Wie so viele Kulte der klassischen Antike verschwanden auch die dionysischen Orgien und Bacchanalien mit dem Zusammenbruch des Reiches.

Einweihung von Frauen in den Dionysoskult, Fresko, 1. Jhdt. v.Chr., Pompeji.

DIE ELEUSINISCHEN MYSTERIEN

Die Bezeichnung für die Mysterienkulte, die sich in vielen Teilen der antiken Welt sehr großer Beliebtheit erfreuten, leitete sich von der Kombination aus Ritual und Mythos ab, deren Einzelheiten nur einem inneren Kreis von privilegierten Eingeweihten bekannt war. Der berühmteste dieser Kulte war jener von Eleusis in Griechenland, der der tragischen Geschichte der mythischen Großen Mutter Demeter, ihrer Tochter Persephone und des sterblichen Fürsten Triptolemos gewidmet war. Er hatte eine Vielzahl von Anhängern, die „Eumolpiden", die aus der gesellschaftlichen Oberschicht Athens kamen. Es liegt in der Natur des Mythos, daß uns die Einzelheiten nicht bekannt sind. Das Geheimnis wurde wohl bewahrt, aber durch die Riten wurde den Eingeweihten offenbar eine geheime Erfahrung vermittelt, die den Tod der sterblichen Hülle glorifizierte und dem Geist ein glückliches Leben nach dem Tode sicherte. Die Initiation umfaßte wahrscheinlich einen Eid wider schwere Verbrechen wie Mord und Diebstahl und das allgemeine Versprechen eines ehrenhaften und disziplinierten Lebens.

HYMNE AN DEMETER

•

Der wunderbare homerische „Demeterhymnus" erzählt die Geschichte

Demeter, Persephone und Triptolemos (Relief).

> **„Glücklich ist der zu nennen, der die Mysterien gesehen hat; der Uneingeweihte, der nicht daran teilhat, wird nie Ähnliches gewahr werden, wenn er in der Finsternis des Todes ruht."**
>
> (AUS DEM HOMERISCHEN DEMETERHYMNUS)

der jungen Persephone, Demeters Tochter, die zusammen mit den Kindern des Oceanus Wiesenblumen pflückte, als sich die Erde öffnete und Hades, der Gott der Unterwelt, sie in sein Reich entführte. Erst Hekate, die Göttin des Dreiwegs, hörte die ängstlichen Hilfeschreie der Persephone. Die völlig verzweifelte Demeter, die Göttin des Landbaus, suchte ihre Tochter vergeblich, bis ihr Hekate die schreckliche Nachricht vom verheerenden Schicksal der Persephone überbrachte. In ihrem unendlichen Gram vernachlässigte sie die Natur, bis diese vollkommen verdorrte und starb, während sie ihren Verlust in der Verkleidung eines alten Weibes in Eleusis betrauerte. Betroffen von dem Unglück sandte Zeus einen Gott des Olymps nach dem anderen; sie sollten Demeter aus ihrer Lethargie wecken, bis sich Hades endlich doch überreden ließ, Persephone der Mutter zurückzugeben. Und doch – sie hatte schon den Granatapfelkern des Todes verzehrt. Damit war sie für immer in der Unterwelt gefangen, doch Zeus fand eine gütliche Lösung, nach der sie jedes Jahr für eine Jahreszeit in die Welt der Lebenden zurückkommen konnte. So kehrte Demeter wieder zu ihrer gewohnten Rolle als Erdmutter zurück und zeigte sich Triptolemos und den anderen Fürsten von Eleusis als Kornähre.

DIE MYSTERIEN

•

In diesem Geheimsignal für Demeters Rückkehr lag vermutlich der Schlüssel zu den Mysterien – einem rituellen Drama, dessen Aufführung den fortlaufenden Kreislauf der Natur auf den fruchtbaren Ebenen von Eleusis sichern sollte, die in der Sommersonne des Mittelmeers ausgedörrt waren.

Die Mysterien von Eleusis fanden jährlich immer im Herbst statt. Am 19. September gab es die große Prozession der Anbeter von Athen nach Eleusis. Ihr ging die Proklamation der Riten, eine erneuernde Taufe im Meer und ein Schweineopfer voran. Danach folgte eine Aufführung der Rückgabe von Persephone an ihre Mutter in der Großen Halle der Mysterien und eine Heilige Hochzeit mit einem öffentlichen Liebesakt zwischen dem Hohepriester, der Zeus symbolisierte, und der Hohepriesterin, die Demeter versinnbildlichte. Es gibt eine Reihe von Hinweisen darauf, daß das Mysterium im Schutze der Dunkelheit stattfand, während die Anbeter des Ergebnisses harrten, von dem sie sich die Rettung ihrer Seelen erwarteten. Am Ende und auf dem unzweifelhaften Höhepunkt der Riten trat der Hohepriester mit einer Kornähre in der Hand ins gleißende Licht. Schließlich verkündete er, daß dies das Ergebnis der mystischen Vereinigung, die Verkörperung der Demeter und ihres Kindes sowie das Zeichen für neues Leben auf den Feldern sei.

Die Mysterien waren so populär, daß sie von der Herrschaft des Augustus an von vielen römischen Kaisern gefeiert wurden, wobei jedoch einige, darunter Nero, von der Initiation ausgeschlossen waren. Aus Inschriften in Eleusis geht hervor, daß auch verschiedene römische Gouverneure der Provinz initiiert wurden und den Riten mit großer Ergebenheit folgten.

Die Weizengarbe, Symbol der Demeter.

Hades empfängt Persephone in der Unterwelt.

ARTEMIS IN EPHESUS

Der alte Kult der Artemis, des griechischen Gegenstücks zur Diana der Römer – sie war die Zwillingsschwester des Apollo und Tochter der Göttin Leto – war eine Mischung aus orientalischen und okzidentalischen Traditionen. Dieser Kult bestand an mehreren Orten der antiken Welt, darunter in Perga in Pamphylien, in Antiochia bei Pisidia und in Magnesia am Fluß Mäander. In Rom wurde das Bild der Artemis getreu kopiert, und sie erhielt ein Heiligtum auf dem Aventin, wo jedes Jahr ein großes Fest zu ihren Ehren zelebriert wurde; ihre Kultstatue in Patras (Achaia) war ein Geschenk von Kaiser Augustus. Sie wur-

Eine Säule des Artemistempels in Ephesus.

de weithin verehrt, sogar bis Ägypten, aber keine Kultstätte konnte so große Berühmtheit erlangen wie Ephesus am Ägäischen Meer.

Strabo berichtete, daß der Tempel von Ephesus insgesamt sieben Mal abgerissen und neu aufgebaut wurde. Die berühmteste Version entstand um das 6. Jahrhundert v. Chr.: Sie galt als eines der sieben Weltwunder der Antike, war nur wenig kleiner als der Petersdom in Rom und aus phrygischem Marmor mit Goldintarsien gebaut. Plinius berichtete, daß 127 Säulen von 19 Metern Höhe das ionische Dach trugen.

DIE VEREHRUNG DER ARTEMISSTATUE

•

Die große Artemisstatue in Ephesus ist vor allem wegen der Darstellung mit zahlreichen Brüsten eine auffallende und provokative Erscheinung; manche behaupteten, sie stellten reife Datteln oder eine Art androgyner Genitalien dar. In jedem Fall strahlt sie überschäumende lebensspendende Energie aus. Jedes Jahr wurde die Statue der Göttin am 25. Mai in einer Prozession auf einem Karren vom Tempel zum Amphitheater im Stadtzentrum gefahren, wo sie von einer riesigen Pilgermenge – bis zu dreißigtausend sollen es gewesen sein – be-

„Ich singe von Artemis mit den goldgeschäfteten Pfeilen, die die Hunde antreibt, der keuschen Jungfrau, Jägerin des Hirschen, sich erfreuend an der Kunst des Pfeilschießens, Schwester des Apollo mit dem güldenen Schwert. Über schattige Hügel und windumtoste Gipfel spannt sie die Sehne des güldenen Bogens, voller Jagdfreude schickt sie tödliche Geschoße aus. Die hohen Berge zittern und das dichte Gehölz hallt von den Schreien des Getiers wider; die Erde bebt und auch die See, worin die Fische ziehen."
(AUS DEM HOMERISCHEN ARTEMISHYMNUS)

geistert begrüßt wurde. Die Prozessionsroute, die eine Meile lang war, war durch Marmorkolonnaden vor dem Wetter geschützt, die ein reicher römischer Gönner hatte bauen lassen.

Beim römischen Fest der Göttin wurde die der Diana geweihte Priesterin in einer glanzvollen Prozession auf einem von Hirschen, ihren heiligen Tieren, gezogenen Wagen zum Tempel gefahren. Dort war ein heiliger Scheiterhaufen um den Altar aufgeschichtet und von einer Barriere feuchten, grünen Holzes umgeben. Darauf lagen die Opfertiere und jede Menge Erntegaben. Selbst riesige Bären soll man an den Altar geschleppt, dort angekettet und verbrannt haben. Weitere genaue Details anderer Riten zu Ehren der Artemis

sind vage, aber Frazer beschreibt eine seltsame Zeremonie, die jedes Jahr in Condylea in Arkadien stattgefunden haben soll. Ein Abbild der Artemis wurde dort in ihrem heiligen Hain aufgehängt. Ähnliche Traditionen gab es auch anderswo. In Melite, so heißt es, erhängte sich eine junge Frau, deren Leiche verschwand; ihr Bild erschien jedoch neben dem der Artemis. Auch in Ephesus erhängte sich eine Frau, die von der Göttin geholt und in Götterkleider gehüllt wurde; sie erhielt den Namen Hekate. Manchmal wurden auch Tiere, etwa Ziegen, zu Ehren der Göttin rituell gehängt.

An einer anderen Stelle berichtet der griechische Autor Pausanias, daß die Kinder Spartas in einem äußerst brutalen, jährlich wiederkehrenden Ritus zur Feier einer seltsamen Geschichte um die Herkunft der örtlichen Artemisstatue vor der Skulptur blutiggeschlagen wurden.

Die Statue war von Orest und Iphigenie von Tauris nach Sparta gebracht worden, ging jedoch dann für viele Jahre verloren.

Sie wurde schließlich von den Kindern Astrabacus und Alopecus, den beiden Enkelsöhnen des Amphisthenes, wieder gefunden. Die ungerechte Strafe, die ihnen für den Blick auf das heilige Bild zuteil wurde, war der Wahnsinn.

Artemis wurde als die Herrin der Natur, einerseits jungfräuliche

Jägerin, andererseits fruchtbare Mutter gesehen. Wie anderen Fruchtbarkeitsgöttinnen, etwa der phrygischen Kybele und der syrischen Astarte, dienten ihr nicht nur Priesterinnen, sondern auch Priester.

An der Spitze der Priesterschaft stand der Hohepriester oder Megabysos, ein Eunuch, der sich als Teil seiner an Wahn grenzenden Verehrung selbst entmannt hatte. Zur Priesterkaste im Tempelbezirk, der aus mehreren hundert Personen bestanden hat, gehörten auch die „Curetes" und „Acrobates". Letztere waren für den Lärm verantwortlich, mit dem die Geburt der Artemis gefeiert wurde, so daß Hera, die eifersüchtige Gemahlin des Zeus, das Schreien der illegitimen Tochter ihres schwerenöterischen Gatten nicht hören konnte. Die „Acrobates" gingen angeblich auf Zehenspitzen und waren an den rituellen Tänzen beteiligt.

Christliche Bräuche vorwegnehmend, war der Tempelbezirk in Ephesus auch Obdach für bestimmte Typen von Verbrechern, die dort das sogenannte Asylrecht erhielten. Das Asylrecht war zunächst noch beschränkt, es wurde jedoch von Alexander dem Großen, in weiterer Folge auch von Mithridates und dem römischen Kaiser Marcus Antonius erweitert. Nachfolgende Kaiser versuchten zwar, das Asylrecht wieder einzuschränken, es blieb aber bis zum Ende des Reiches in Kraft.

Die Artemisstatue in Ephesus, 2. Jhdt. n.Chr.

DER STIERKULT

Seit den steinzeitlichen Felsmalereien in den großen europäischen Höhlen stand der Stier mit dem Bären, dem Elefanten und dem Löwen als dauerhafte Symbole der Männlichkeit und Stärke an vorderster Stelle, so daß die Stierkulte beinahe so zahlreich waren wie ihre Anhänger. Ihre Vorfahren aus dem Paläolithikum wandern über die Decke der großen Höhle von Lascaux, als Hybride hüten sie die Tore zu Fabelorten wie Ninive und Kalakh, und wir finden ihre Verehrung im Glauben der Ägypter, Perser und Hindus.

Zu den Mysterien von Attis und Kybele wie zu vielen anderen gehörte auch die Stierverehrung in Variationen eines Rituals, das als „Taurobolium" bekannt war. Dabei wurde der Stier vermutlich nicht geopfert, sondern war an einer Art Spiel beteiligt. Dieses dauerte mehrere Tage und ähnelte einem Rodeo; möglicherweise haben sich daraus auch die heutigen Stierkämpfe entwickelt. Der römische Autor Prudentius schrieb im 4. Jahrhundert v. Chr., daß bei der weniger öffentlichen Initiation der Anwärter in einer Grube stehen mußte, die mit einem Holzgitter verschlossen war. Sodann wurde einem geschmückten Stier, der auf das Gitter geführt wurde, die Kehle durchgeschnitten. Das Blut tränkte in einer etwas bizarren Form der Taufe, Reinigung und

> *„Der brüllende Stier, überströmend vor reichem Samen, befruchtet die Pflanzen als Leibesfrüchte. Er zertrümmert die Bäume und erschlägt die Dämonen, er versetzt die Kreaturen mit seiner riesigen tödlichen Waffe in Angst und Schrecken. Auch der von Sünden freie Mensch weicht zurück vor dem Gott, der vor Samen strotzt wie ein Stier, wenn Parjanya mit Donnergrollen jene erschlägt, die Böses tun. "*
>
> (AUS DEN RIG VEDA-HYMNEN)

Erneuerung den Kultanhänger. Die so in den Kult Eingeführten waren entweder für ihr ganzes Leben getauft oder mußten nach einigen Jahren das Zeremoniell zur neuerlichen Reinigung wiederholen. Die Tötung des Stiers verwies auch auf den gewalt-

samen Tod und das Wiedererstehen, das für andere Fruchtbarkeits- und Vegetationsgötter bezeichnend ist. Wie Attis soll auch Dionysos ein blutiges Ende gefunden haben, zerrissen und verschlungen von den Titanen, die auf Weisung der Hera handelten. Hera, die Göttergattin des Zeus, war auf den aus Zeus Geborenen eifersüchtig und führte seinen Tod herbei, um sich für die Seitensprünge ihres Gatten zu rächen. Auf Kreta wurde seines Todes in einem wilden Ritual gedacht, das seinen Höhepunkt in der Zerstückelung eines lebenden Stiers erreichte. Teile des Fleisches, darunter das Herz, wurden verspeist. Stierhoden wurden zu besonders begehrten Opfergaben, die man manchmal unter großem Aufwand darbrachte. Ein Kultanhänger namens Carpus soll 160 n. Chr. ein Paar Stierhoden vom vatikanischen Hügel in Rom nach Lyon in Gallien getragen haben, um sie dort im Kybeletempel zu opfern.

Sprung über den Stier bei rituellen Spielen.

Theseus tötet den Minotaurus.

DER MINOTAURUS

•

Die bekannteste Form des Stierkultes findet sich zweifellos in Knossos auf Kreta, durch dessen Labyrinth nach griechischem Mythos der Minotaurus streifte. Dieser galt als das hybride Ungeheuer, das Pasiphae als Vergeltung dafür gebar, daß König Minos dem Gott Poseidon keine Stiere opferte. Die Ruinen des Königspalastes in Knossos zeugen in den Motiven des Weihehorns und Skulpturen, die Kennzeichen heiliger Orte auf Kreta sind, noch immer von der Stierverehrung. Die Minoer auf Kreta kopierten vermutlich den Attiskult und gaben ihn an die Mykener auf dem griechischen Festland weiter.

Obwohl der Stier ein Tier der Erde war, wurde er oft in Kulten, die eigentlich der Sonnen- oder Mondverehrung dienten, als Inkarnation des Sonnen- oder Mondgottes betrachtet. James Frazer meinte, die kretischen Könige wurden am Ende ihrer festgelegten Regierungszeiten entweder symbolisch oder tatsächlich erschlagen – in einem wiederkehrenden Ablauf der Erneuerung, der nicht nur das Schicksal der sterbenden und auferstehenden Naturgötter, sondern auch den Lauf von Himmelskörpern widerspiegelte. In diesem Zusammenhang sind auch die sieben Jünglinge und Jungfrauen zu sehen, die von Athen als Tribut nach Knossos gesandt wurden. Ihr Tod war dem des „Sündenbocks" für König Minos vergleichbar und gab ihm auf weitere acht Jahre neue göttliche Kraft. Die Überlieferung besagt, daß die Opfer in das Labyrinth zum Minotaurus gesperrt wurden und ihres Schicksals harrten. In anderen Quellen heißt es wiederum, daß sie in einem Bronzegefäß in Form eines Stierkopfes oder eines stierköpfigen Mannes lebendig geröstet wurden.

VERWANDTE KULTE

Die Stierterrasse im Königspalast von Knossos, Kreta.

Knossos steht im wesentlichen für einen Sonnenverehrungskult. Der Minotaurus wurde zwar durch die Schriften verschiedener klassischer Autoren wie Hesiod, Homer und Plutarch und die Abenteuer des athenischen Helden Theseus, des Retters der Ariadne, berühmt und berüchtigt, aber in Wirklichkeit war der Minotaurus wahrscheinlich kaum mehr als eine Skulptur, die Bronzegestalt eines Mannes mit Stierkopf, die die Macht der Sonne symbolisierte.

Nördlich der Alpen verehrten die Kelten den Stiergott Tarvos Trigaranos mit den drei Hörnern. Es ist jedoch wahrscheinlich, daß die heidnischen Pferdeopfer der Nordeuropäer Adaptierungen der frühen Stierkulte des Mittelmeerraumes waren. Geraldus Cambrensis schrieb im 12. Jahrhundert über einen Ritus der Stämme Ulsters bei der Krönung der irischen Könige, der vertraut anmutet. Dabei wurde eine Stute getötet, zerstückelt und gekocht. Der Monarch badete in der Brühe und aß Teile des Fleisches. Die Stierkulte starben allerdings im 4. Jahrhundert n. Chr. aus, als die christianisierten römischen Kaiser, darunter Theodosius und Konstantin, ein Verbot für Menschen- und Tieropfer im gesamten Reich verhängten.

DER MITHRASKULT

Dieser Kult war in scheinbarem Widerspruch zu seinem Namen dem persischen Gott des Lichtes Ahura Mazda gewidmet, dessen oberster Diener Mithras war. Unter den Statuen im Mithräum in Santa Prisca in Rom soll Ahura Mazda die unbekannte ausgestreckte Gestalt sein; daneben steht Mithras, nicht nur als sein Diener, sondern auch als Vermittler zwischen dem Gott und den Sterblichen. Bei den Persern als Mithra bezeichnet, wurde er bei den Römern zu Mithras; der Kult existierte bis ca. 200 n. Chr. und entstand aus dem älteren persischen Zoroastrismus.

Dem Mythos zufolge wurde Mithras, der Inbegriff der Wahrheit, aus einem Felsen geboren. Seine erste Aufgabe war der Titanenkampf gegen eine andere Schöpfung des Ahura Mazda, einen wilden Stier. Er bezwang den Stier, mußte aber dessen Kehle durchschneiden, und dem Blut entsprangen die Pflanzen der Erde. Der über dem Stier stehende Mithras, der diesem die Waffe an den Hals setzt, ist ein beliebtes Motiv der klassischen Bildhauerei. Mithras' größter Gegner sollte jedoch der Herr der Finsternis, Ahriman, sein, der versuchte, die Welt durch eine Flut zu vernichten.

DIE AUSBREITUNG DES MITHRASKULTES

•

Der Kult stand wahrscheinlich für ein erwachendes Interesse an der Sonnenverehrung. Er war bei der Zivilbevölkerung des Römischen Reiches nie populär, die Zahl der Anhänger wuchs jedoch während der Regierungszeit von Kaiser Flavius unter den Soldaten, vor allem im Osten. Im Westen beschränkte sie sich eher auf

> *„Als er seine Höhle erreicht hatte, brachte ein Rabe, von der Sonne gesandt, dem Erlöser die Nachricht, daß der Augenblick der Opferung da war, und er faßte sein Opfer bei den Nüstern und trieb ihm das Messer in die Flanke. Weizen drang aus dem Rücken des Stiers und Wein aus seinem Blut – daher das Abendmahl mit Brot und Wein."*
>
> (JOSEPH CAMPBELL, THE MASKS OF GOD)

Mithras tötet den Stier, Antiquario Comunale, Rom.

die Grenzposten. Im Jahre 307 n. Chr. unter Diokletian wurde ein dem Mithras geweihtes Heiligtum an der Donau errichtet, das vielleicht der schwindenden Macht der Legionen neuen Auftrieb geben sollte, die Mithrastempel wurden jedoch unter Gratian 377 n. Chr. geschlossen. In Europa sind an einigen Stellen Mithrastempel erhalten geblieben, wie etwa das Mithräum in Walbrook in England zeigt.

GLAUBE UND RITUAL

•

Die Einzelheiten des Mithraskultes sind weitgehend verlorengegangen, obwohl ein ägyptischer Papyrus aus dem Jahr 300 n. Chr. einige Anrufungen und Initiationsriten beschreibt. Der Mithraskult befaßt sich mit Licht und Finsternis, Aufgang und

Das Mithräum in S. Clemente, Rom.

Untergang der Sonne, Geburt und Tod, wobei zwei „himmlische Begleiter" eine wichtige Rolle spielen. Der eine, Cautes, wird immer mit hochgehaltener brennender Fackel dargestellt, der andere, Cautopates, trägt seine Fackel verkehrt und steht für Böses, Finsternis, Winter und Tod. Der Kult war als Mysterienreligion aufgebaut und besagte, daß sich die unsterbliche Seele auf einer endlosen Reise befand. Ihr Aufenthalt auf der Erde war nur eine vorübergehende Prüfung. Die Mysterien konzentrierten sich ebenso auf den Tod und die Wiedergeburt der Seele, was aufgrund der hohen Sterblichkeit vor allem für die Legionäre von Bedeutung war. Bei der Geburt stieg die Seele aus dem Licht herab und erhielt die sieben „Sünden". Sie war nun frei, um sich im Leben der Schuld zu entledigen und in einer spirituellen Wiedergeburt

ins Licht zurückzukehren, wobei sie bei ihrem irdischen Tod nach ihren Leistungen beurteilt wurde. Vertreter des Lichtes und der Finsternis beanspruchten sie für sich, Mithras fungierte als Richter. Auch danach waren die Proben nicht vorbei, denn die Seele mußte bis zum Ziel noch weitere Prüfungsstationen durchlaufen.

Mithrastempel wurden unterirdisch errichtet und als „Höhlen" bezeichnet. Nur Männer konnten aufgenommen werden, parallel zu diesen Bruderschaften gab es für Frauen die Gruppen des Kybelekultes. Zu den sieben Graden der Initiation, die Anwärter auf dem Weg zur Absolution passieren mußten, gehörten körperliche und geistige Ausdauer- und Enthaltsamkeitsprüfungen. Die untersten oder Servitor-Grade begannen beim Raben

und stiegen zum Bräutigam und Soldaten auf. In den höheren Graden der Kultteilnehmer gab es Löwen, gefolgt von Persern, Kurier der Sonne und Vater. Auf allen Ebenen gab es unterschiedliche Rituale.

Ein heiliges Feuer, das die Sonne repräsentierte, und ein ewiges Licht brannten in den Mithrasheiligtümern. Bei Zeremonien gab es Feuerwerke, im Wasser spiegelnde Lichter und sogar bewegliche Puppen. Der Mythos von Mithras und dem Sonnengott im Kampf gegen ihre Gegner wurde aufgeführt, es wurde geopfert und ein der Kommunion ähnliches Ritual vollzogen. Der Mithraskult war niemals ein Massenkult. Es handelte sich immer um private Anbetung im kleinen Kreis hingebungsvoller Anhänger und hatte nicht die Auswirkungen auf das klassische Rom, die manchmal angenommen werden.

DIE TOTENKULTE MEXIKOS

Die religiösen Kulte voll Gewalt und Blut, die einen Großteil der prähispanischen Geschichte Mexikos kennzeichnen, sind schwer im Detail zu rekonstruieren, vor allem, weil die Conquistadores mit großer Sorgfalt die Zeugnisse der früheren Kultur vernichteten. Das klassische Mexiko wird meist mit den Azteken gleichgesetzt, sie waren aber nur die letzten in einer langen Reihe von Kulturen, die mit den Olmeken begann und unter anderem die Zapoteken und Tolteken umfaßte. Auch die Mayas, deren Gebiete auf der Halbinsel Yucatan und in Mittelamerika an Mexiko grenzten, waren ein eigener Volksstamm.

Die Götterwelten dieser Kulturen waren bereits ausgesprochen gewalttätig. Tezcatlipoca, der Sonnengott der Azteken, soll die Erdmutter Cipactli aus dem Urwasser gezerrt haben; im erbitterten Schöpfungskampf biß Cipactli ihm den linken Fuß ab, Tezcatlipoca riß ihr daraufhin den Unterkiefer aus. Auf eine ähnlich brutale Weise entsprang der Schutzgott des Krieges Huitzilopochtli dem Schoß seiner enthaupteten Mutter Caotlicue und erschlug seine Schwester und seine vierhundert Brüder als Vergeltung für ihren Tod.

BEWEISE FÜR MENSCHENOPFER

•

Schon in der Frühzeit schien ein kultisches Interesse an Menschenopfern bestanden zu haben. Die alten Götter Mexikos hatten ausgeprägten

> *„Kein Tod ist wie der Tod im Krieg.*
> *Kein Tod gleicht dem umgeben von Blüten, die ihm so teuer sind, dem Lebensspender: ich sehe ihn in der Ferne, und mein Herz sehnt sich nach dem Tod."*
>
> (AUS EINEM AZTEKISCHEN NAHUATL-KRIEGSGESANG)

Appetit auf Blut, das angeblich der Abkühlung ihrer unkontrollierten Ausbrüche diente. In Höhlen im Tehuacan-Tal, rund 160 Kilometer von Mexiko City entfernt, wurden in Höhlen enthauptete Skelette gefunden; eingeschlagene Schädel wurden in Körben aufbewahrt, was auf Riten hindeutet, die schon 7000 Jahre v. Chr. bestanden.

Die dramatischste bildliche Darstellung findet sich in Veracruz, wo in der klassischen Ära von 150 v. Chr. bis etwa 900 n. Chr. ein schreckliches Ballspiel gespielt wurde. In El Tajin gab es Fußballfelder, auf denen der Gott des Todes – im Steinrelief als ein Skelett dargestellt – als Schiedsrichter fungierte, und am Ende gab es für den Sieger keinen Pokal. Statt dessen durfte der Kapitän der Verlierermannschaft getötet und sein Herz mit einem Feuersteinmesser aus dem Körper geschnitten werden.

RITUALMORDE

•

Die Zeit der Tolteken hatte ihre individuellen Exzesse – Privathäuser mit Opferaltären in den Höfen, auf denen Menschen getötet und verspeist wurden. Dennoch waren es die Zapoteken der postklassischen Ära, die sich der grausamsten Praktiken bedienten. Mit starker Hand von einem Hohepriester in Mitla, der „Stadt der Toten" im

Maske des Regengottes Tlazoc.

Opfermesser aus Feuerstein mit Mosaikgriff.

Oaxaca-Tal, regiert, nahmen die Zapoteken regelmäßig Kriegsgefangene und rissen diesen ohne Ansehen der Person das Herz als Opfergaben für die Götter heraus. Für diese Riten gab es eine Vielzahl an Utensilien, wie Opfermesser und Gefäße für Organe und Blut. Es war durchaus auch üblich, daß beim Tod eines Herrschers dessen Frauen, Ärzte und gesamter Haushalt ermordet wurden, damit er in einer seiner Position entsprechenden Begleitung das Land der Toten betreten konnte.

AZTEKENBRÄUCHE

•

Unter allen Volksstämmen sind die Azteken wegen ihrer blutrünstigen Feste am berüchtigsten, vielleicht, weil man am meisten von ihnen weiß, aber auch, weil sie die erfolgreichsten Krieger waren und daher in großer Zahl Gefangene machten. Ihre Kriegsstrategie zielte auf möglichst viele Gefangene ab, die von den furchterregenden Kultpriestern geopfert wurden. Ihre Götter waren wie jene der Zapoteken nicht zufrieden, wenn sie nicht ständig mit Menschenblut und vor allem menschlichen Herzen versorgt wurden. So gab es ein bizarres Opfer für den großen Sonnengott der Azteken, Tezcatlipoca. Ein gefangener Krieger wurde dadurch geehrt, daß er ein Jahr lang den Gott darstellen durfte. Er lebte während dieser Zeit im Luxus; am Ende seiner „Amtszeit" wurde er zum Tempel geleitet, wo er die Stu-

fen hinaufschritt und auf den Altar gelegt wurde. Dort stieß man ihm ein Obsidianmesser ins Herz. Auch Huitzilopochtli, der Krieger-Sonnengott, brauchte Menschenblut und Herzen, um jeden Tag aus der Unterwelt zu steigen und seine Reise über den Himmel anzutreten.

Auf der Erde konnte Tlaloc, der Regengott, der Sommerdürre kein Ende setzen, wenn er keine Massenopfer von Kindern auf heiligen Bergaltären erhielt, und der Vegetationsgott Xipe Totec verlangte von seinen Priestern, daß sie 21 Tage lang die Haut von erschlagenen Gefangenen trugen, bis sie schließlich verrottet war.

Einen weiteren, tiefen Einblick in die Religion der Azteken findet man in den Aufzeichnungen über den Ritualmord an einer Colhuacanprinzessin im Jahre 1323, die der Aztekenkönig als Hochzeitsgeschenk erhielt. Die Prinzessin wurde geopfert, weil sie dadurch zur Kriegsgöttin werden sollte.

Es gab aber auch den unterschwelligen Glauben, daß jeder, der unter dem Opfermesser gestorben war, nicht ins finstere Land der Toten, sondern in das Paradies der Götter eingehen würde, um in ewiger Idylle zu verharren. Jede Gottheit würde sich so das Ihre holen und bewahren.

Als Abschluß dieses erschütternden Kapitels menschlichen religiösen Opferwahns sei noch erwähnt, was während der Herrschaft von Ahuitzotl (1486-1502), dem Vorgänger des unseligen letzten Aztekenherrschers Moctezuma Xocoyotzin, geschah. Im Jahre 1487 wurden bei der Einweihung des Großen Tempels von Tenochtitlan, wo heute Mexico City steht, nicht weniger als 20.000 Gefangene geopfert und ihre Schädel in einer scheinbar nicht endenwollenden Kette aufgespießt.

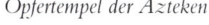

Opfertempel der Azteken.

DIE DRUIDEN

Der Stern der Kelten ging um das siebente Jahrhundert v. Chr. irgendwo am Oberlauf der Donau, vielleicht in der Schweiz oder in Österreich, unter einem mitteleuropäischen Volk auf, das die britischen Inseln erst spät erreichte. Die größte Schwäche, die letztlich auch zum Niedergang der Kelten führte, war wahrscheinlich, daß sie unter der Herrschaft einer hierarchisch gegliederten Priesterschaft, der Druiden, standen. Über die Druiden ist bemerkenswert wenig bekannt, da sie die Hüter einer komplexen und vielschichtigen Religion waren, die lediglich durch mündliche Überlieferung weitergegeben werden

> **„Die gesamte Bevölkerung Galliens ist dem religiösen Aberglauben überaus zugetan."**
>
> (JULIUS CAESAR, DE BELLO GALLICO)

konnte. Viele falsche Sichtweisen von den Druiden rühren von der unvergleichlich romantischen Vorstellung her, nach der sie mit langen buschigen Bärten in weißen Nachthemden in Stonehenge umhertanzten und mit Sicheln und Mistelzweigen gestikulierten.

In Wirklichkeit sehen wir den Druidenkult nur durch die beschränkten und oft aus zweiter Hand stammenden Beobachtungen klassischer Autoren wie Diodorus Siculus, Julius Caesar und Strabo, die die verlorengegangenen Arbeiten des Posidonius kopierten, und durch archäologische Versatzstücke. Es gibt auch wenig keltische Literatur, am bekanntesten davon ist der Zyklus von Ulster.

Wir können sicher sein, daß die Druiden kaum dauerhafte Tempel bauten, es gab jedoch wahrscheinlich einfache Holzbauten, von denen nichts erhalten geblieben ist. Ihre liebsten Verehrungsplätze waren Lichtungen oder Eichenhaine, die als „Nemeton" bezeichnet und von den Vertretern des Römischen Reiches oft argwöhnisch beobachtet wurden.

Es ist nicht sicher, ob der römische Schriftsteller Lucan Marseille jemals besucht hat, und seine Beschreibung ist zweifellos gespenstisch, schildert aber genau die Waldeslichtungen, oft in der Nähe von Quellen, die die Druiden schätzten. Es waren ihnen nicht nur die Wälder an sich heilig, sie verehrten auch einzelne Bäume und brachten ihnen Opfer dar.

DRUIDISCHE RITUALE

Über die Stellung der Druiden als Priester weiß man wenig, außer daß sie eine starke religiöse Macht repräsentierten und ausgezeichnete Magier waren. Es gibt Hinweise für Goldketten mit Sonnen- und Mondsymbolen, die sie trugen, sowie für Zepter. Bei den Ritualen könnten sie auch Masken angelegt haben. Darüber hinaus stammt ein großer Teil dessen, was wir von den Druiden „bei der Arbeit" wissen, aus einem kurzen Einblick, den

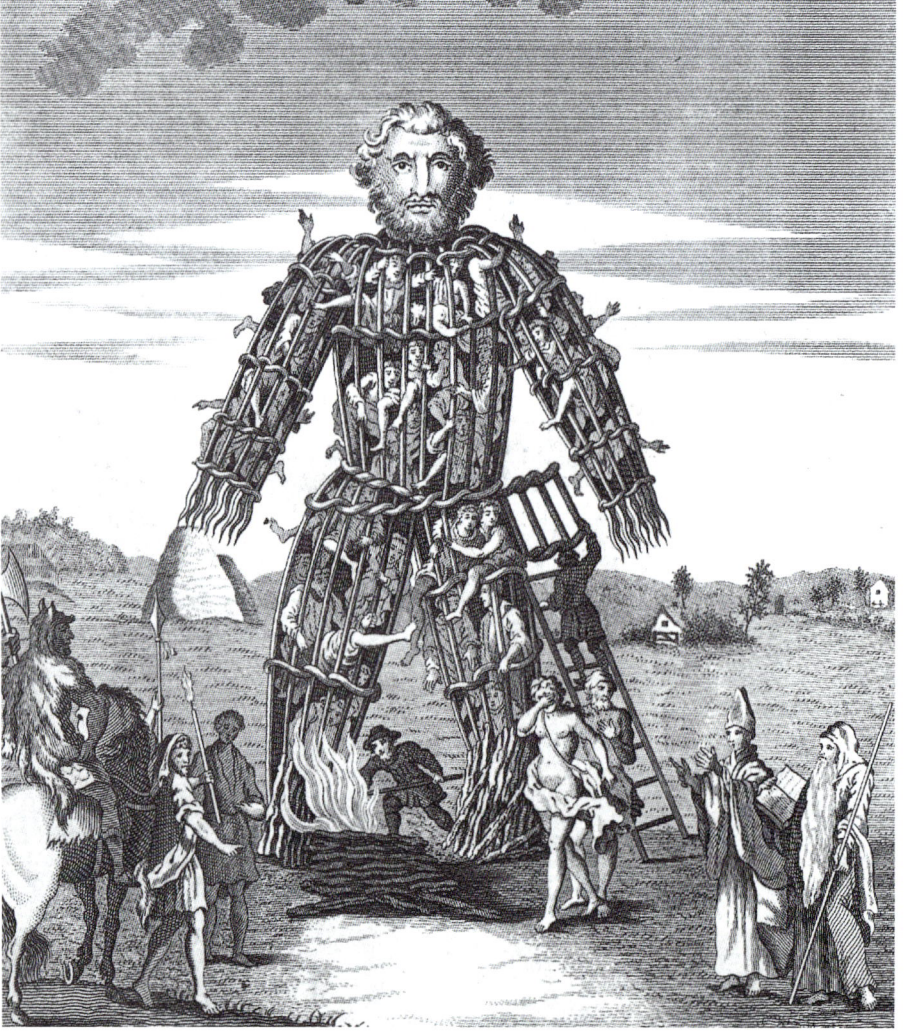

Weidekornmann mit Opfern.

STÄRKE UND SCHWÄCHE DER KELTEN

Es gab dort einen Hain, seit alter Zeit unberührt von Menschenhand, dessen verflochtene Zweige einen Raum aus Dunkelheit und kühlem Schatten einschlossen und das Sonnenlicht fernhielten. Kein ländlicher Pan oder Sylvanus, Beherrscher der Wälder, wohnte hier, keine Nymphen; Götter wurden in wilden Riten angebetet, die Altäre waren voll der gräßlichen Opfergaben, und jeder Baum war befleckt mit Menschenblut. Auf diesen Zweigen, waren sie auch alte Zeugen der Götterverehrung, fürchteten sich die Vögel zu sitzen; in diesen Dickichten wollten wilde Tiere nicht liegen; kein Wind wehte jemals durch diese Wälder, kein Blitz traf sie aus schwarzen Wolken; die Bäume raschelten, kein Hauch berührte ihre Blätter. Auch Wasser gab es dort im Überfluß aus dunklen Quellen. Die Götterbilder waren unbehauene Blöcke aus gefällten Baumstämmen."

(LUCAN, *PHARSALIA I*)

uns Plinius gewährt, als er eine kultische Handlung am sechsten Tag des Mondzyklus beschreibt.

Die Druiden opferten auch Menschen, wobei jedoch nicht bekannt ist, wie häufig solche Opfer stattfanden. Schon Julius Caesar berichtete von der grauenvollen Praxis, Opfer lebendig in Weidenkörben zu verbrennen, die vielleicht die menschlichen Kolosse repräsentieren sollten, wie sie durch den Kultfilm der siebziger Jahre, „The Wicker Man", populär wurden. Sein Kommentar ist jedoch mit Vorsicht zu genießen, da seine Schriften oft propagandistisch waren und Informationen aus zweiter Hand enthielten.

Sie scheinen regelmäßig ihre Opfer ertränkt zu haben; diese Form des Ritualmordes wird offenbar auf dem sogenannten Gundestrup-Kessel dargestellt, einem herrlichen kymbrischen Silbertopf, der in einem Sumpf in Ravemosen in Dänemark gefunden wurde. Jedenfalls war der Zweck von Menschenopfern in erster Linie in der Weissagung zu suchen. Es gibt etwa Beschreibungen, wie ein Opfer erstochen oder aufgespießt wurde, damit aus dem Todeskampf die Zukunft gelesen werden konnte. Die Kelten legten auch großen Wert auf Menschenköpfe, die sie in der Schlacht sammelten und in eigenen Nischen in ihren Heiligtümern aufbewahrten - vielleicht im Glauben, daß im Schädel unsterbliche, übernatürliche Kräfte schlummerten.

Den Kelten waren verschiedene Tiere heilig, darunter Hirsch und Wildschwein, die in ihren religiösen Kunstwerken oft abgebildet werden, von ihren Göttern wissen wir jedoch wenig. Die Romantik, die Dagda, Maeve, Nuada, Lug, Gobniu und anderen anhaftet, ist zum Großteil manipuliert; sie wurden von christlichen Geistlichen abgewertet, da diese ein Interesse daran hatten, sie als Ausdruck heidnischer Ungeschliffenheit zum Gespött zu machen.

DER NIEDERGANG DER KELTEN
•

Wahrscheinlich hatte der Kult der Druiden zuviel souveräne Macht über die Kelten; er war die Achillesferse, die letztlich zu ihrem Niedergang führte. Keine Regierung in der Geschichte, deren Verwaltung auf geistlicher, nicht weltlicher Logik basierte, hat der Zeit standgehalten, da solche Regimes meist durch Fanatismus und Intoleranz angetrieben werden und daher dem Druck der Außenwelt nicht standhalten.

HEILIGE MISTEL

Nach den Vorbereitungen für Opfer und Bankett unter den Bäumen bringen sie zwei weiße Stiere, deren Hörner gebunden werden. In seiner weißen Robe klettert der Priester auf den Baum und schneidet mit der goldenen Sichel den Mistelzweig, andere in weißen Roben nehmen ihn entgegen. Dann töten sie die Opfertiere und beten, daß Gott ihnen dieses Sühneopfer mit seinen Gaben lohne."

(PLINIUS ÜBER DAS DRUIDENRITUAL AM SECHSTEN TAG DES MONATES.)

Druide beim Mistelschneiden.

„IN EINER OFFENEN GESELLSCHAFT WIE DER UNSEREN KÖNNEN DIE MENSCHEN GLAUBEN, WAS SIE WOLLEN, SICH ZUSAMMEN-SCHLIESSEN UND IHREN GLAUBEN VERBREITEN. WIR KÖNNEN NIEMANDEN, DER GLAUBT, DASS DIE ERDE EINE SCHEIBE IST, ABHALTEN, AUCH ANDERE DAVON ZU ÜBERZEUGEN."

Richter Latey über „Scientology"

■

Der amerikanische Schriftsteller Tom Wolfe schrieb einmal, ein Kult sei eine Religion ohne politische Macht. Diese Aussage beruhte jedoch auf einer Fehleinschätzung. Das Gegenteil ist der Fall, denn Kulte verfügen über ein beträchtliches Maß an Macht. Ein Beispiel aus dem Japan des 20. Jahrhunderts zeigt, daß der „Soka Gakkai-Kult" weltweit zehn Millionen Anhänger hat und damit nur die größte von 180.000 in Japan registrierten Sekten ist – einem Land, das seine nationale und religiöse Identität am Ende des Zweiten Weltkriegs verlor, als der Tenno, von Millionen als Gott-Kaiser verehrt, im Radio die Kapitulation verkünden mußte. Die „Vereinigungskirche des Reverend Moon" verfügt über ein Wirtschaftsimperium mit Milliardenumsätzen in den Vereinigten Staaten und macht kein Hehl aus ihren Ambitionen zur Weltbeherrschung.

Manchmal praktizieren diese Kulte wirklich ein Leben der Einfachheit und Disziplin, in den meisten Fällen kommen jedoch die guten Absichten allmählich abhanden. Der religiöse Fundamentalismus und das einfache Leben in der Gemeinschaft schlagen sich oft in gigantischen Kontoständen nieder und schwelgen in ausuferndem Luxus. Die im folgenden Kapitel beschriebenen Kulte sind nur die Spitze des Eisbergs. Es gibt viele tausend auf der ganzen Welt, die oft genug ihre Anhänger in einem Strudel mitreißen, der sie immer weiter von der Realität und der Außenwelt wegträgt und ihr entfremdet.

DIE RADIKALEN CHRISTEN

Nach dem 8. Jahrhundert n. Chr. verschwanden die ketzerischen Kulte des Christentums von der Bildfläche und tauchten unter verschiedenen Bezeichnungen im 12. Jahrhundert wieder auf. Die Amtskirche war geschwächt und Ziel der Kritik ihres Volkes, das vielfach aus Verarmten und Analphabeten bestand. Die Menschen wohnten Gottesdiensten bei, die auf Lateinisch gehalten wurden und denen sie nicht folgen konnten. Sie sahen den Klerus im Luxus leben und sich Konkubinen halten – kein Wunder, daß die etablierte Kirche bald als korrupt galt. Die christlichen Kulte, die aus sich selbst schöpften, begannen, anziehender zu erscheinen. Für die Kirche war dies als direkte Bedrohung ihrer theologischen und politischen Macht Anlaß zur Besorgnis, und sie reagierte mit voller Härte. Zu den frühesten Ketzersekten, die das „christliche Establishment" verärgerten, gehörten die „Waldenser" und „Katharer".

DIE WALDENSER

•

Gegründet 1176 von Peter Waldo, einem wohlhabenden Kaufmann im französischen Lyon, erhielten die „Waldenser" von Papst Alexander III. unter der Voraussetzung, daß der örtliche Bischof ihnen dies ebenfalls gestattete, die Erlaubnis, zu predigen. Ihr Zugang zur Religion stieß jedoch auf Ablehnung, und die bischöfliche Genehmigung blieb aus. Im Jahre 1184 folgte die Exkommunikation. So wurden die Waldenser zu Ketzern; ihre Anhänger, Wanderprediger und größtenteils Analphabeten, erkannten zwar zunächst die allgemeine römisch-katholische Glaubenslehre an,

nicht jedoch den Ritus. Später verwarfen sie auch die Grundsätze des Fegefeuers, der Wandlung und der Anrufung der Heiligen. Als Sakramente behielten sie nur die Taufe, die Ehe und die Eucharistie bei, welche einmal im Jahr am Gründonnerstag gefeiert wurde. Abgeschafft waren das Bekenntnis von Sünden, Totenmesse, Exkommunikation, Absolution, Buße

und Ablaßhandel. Sie hatten keine geweihten Priester, sondern praktizierten als asketische Verbreiter des Evangeliums, wobei sie auch Frauen als Prediger zuließen, was die katholische Kirche an sich schon als Sakrileg betrachtete. Sie übersetzten das Neue Testament und Teile des Alten Testaments in eine verständlichere Alltagssprache, um sie den Menschen

Verbrennung der Katharer in Montségur.

besser und einfacher zugänglich zu machen.

Die Waldenser waren in keinem Sinn Pioniere der Reformation, sie waren im eigentlichen Sinn eine protestantische Sekte. Anfangs in Südfrankreich und der Lombardei aktiv, fanden sie in den Jahrzehnten nach dem Tod ihres Gründers auch in Deutschland und im übrigen Italien starke Verbreitung. Im 16. Jahrhundert schlossen sie, wie zu erwarten war, einen losen Bund mit den Calvinisten und wurden bis ins 17. Jahrhundert immer wieder von der katholischen Kirche verfolgt. Im Jahre 1208 n. Chr. versuchte Papst Innozenz III., den Waldensern einen Teil der Anhänger abzuwerben, indem er die „Minderen Brüder" gründete. Ihre Aufgabe war es, die Praktiken der Waldenser im Rahmen des Kirchenrechtes nachzuahmen. Mitte des 13. Jahrhunderts waren viele Waldenser in die Kerker gewandert, und wer nicht als Ketzer verbrannt werden wollte, mußte in entlegene Gebiete der italienischen Alpen fliehen, wo kleine Gruppen die Tradition aufrechterhielten. Bis heute gibt es im norditalienischen Piemont noch Anhänger der Waldenser.

DIE KATHARER

•

Die Waldenser mögen ihren Teil an Verfolgung erlitten haben, die „Katharer" aber waren jene Ketzer, die der Zorn der Inquisitoren mit voller Härte traf. Ihr Name leitet sich von „Cathari", „die Reinen", ab. Zu den Anhängern des Kultes zählten weite

Simon de Montfort.

Teile der Bevölkerung in Südfrankreich, bevor er sich auch in Italien, Spanien und Flandern ausbreitete. Die Tradition der Katharer – auch als „Albigenser" bezeichnet – schloß an die früherer gnostischer Sekten, wie etwa der „Manichäer", an. Sie glaubten an das Prinzip des Dualismus – Hell und Dunkel, Gut und Böse –, wobei unsere materielle Welt eindeutig dem Dunkel zuzuordnen und Jesus Christus niemals fleischgeworden war. Daher hatte es die Kreuzigung nie gegeben, und das Kreuz hatte für die Sekte keine Bedeutung. Auch Kirchen kannten sie nicht. Die menschliche Seele war für sie in einem verdorbenen Körper gefangen, dessen Begehren, welcher Art auch immer, unterdrückt werden mußte. Aus diesem Grund lehnten sie auch die Fortpflanzung ab und verschmähten die Ehe.

In ihren kultischen Handlungen unterschieden sie zwischen zwei Ebenen von Anhängern, den Vollkommenen, die ein Leben in Abstinenz, Keuschheit und Armut führten und sich in Maiores und Presbyter teilten, und den Gläubigen, der Laiengemeinde, die vermutlich zumeist aus Katholiken bestand, die den abgehobenen Lebensstil des im Luxus schwelgenden Amtsklerus nicht mehr unterstützen wollten.

Die Massenverfolgung der Katharer begann 1208 nach dem Mord an einem päpstlichen Gesandten in Toulouse, hinter dem eine Verschwörung der Katharer vermutet wurde. Ein wahrer Kreuzzug unter der Führung von Simon de Montfort begann. Etwa 200.000 Eiferer bekämpften die Sekte in einem 20 Jahre dauernden, von der katholischen Kirche finanzierten Zermürbungskrieg, der weite Teile Südfrankreichs in Schutt und Asche legte. Die Bewegung der Katharer war zu groß und zu populär geworden, als daß man sie noch tolerieren konnte. In einem einzigen grausamen Vergeltungsschlag wurde die gesamte Bevölkerung von Béziers ausgerottet. Vor allem der Zwischenfall von Toulouse führte zur Gründung der Inquisition, deren grausame Maschinerie zwischen 1227 und 1235 zu laufen begann.

Die überlebenden Katharer flüchteten auf den Balkan. Sie setzten ihre Tradition bis ins 15. Jahrhundert fort, danach gingen sie im muslimischen Glauben auf.

VOODOO

Mehr eine Mischung aus traditionellem westafrikanischem Glauben und römisch-katholischem Ritus als eine radikale Religion, war „Voodoo" das Bindeglied, das das Zusammengehörigkeitsgefühl unter den Sklaven stärkte, die im 17. Jahrhundert in die Neue Welt kamen. Am stärksten vertreten ist diese Volksreligion in Haiti, wo die Übergriffe der Plantagenbesitzer am schlimmsten waren. Heute wird Voodoo weltweit praktiziert und hat mehr als 40 Millionen Anhänger. In den vergangenen Jahrhunderten spielte dieser Kult eine wesentliche Rolle, da dadurch für die Sklaven eine Brücke zu ihrem fernen Heimatland geschlagen wurde und sie eine gemeinsame Sprache des Glaubens und Widerstandes fanden. Deshalb fürchtete man über Jahrzehnte einen Aufstand der Sklavenbevölkerung – wer mit Voodooutensilien angetroffen wurde, mußte mit Festnahme, Folter und Tod rechnen.

VOODOO UND
SKLAVENAUFSTAND

•

Die Religion, von phantasievollen Autoren und Filmproduzenten häufig verzerrt dargestellt, dreht sich um die Anrufung der „Loa", der Geister und Seelen der Verstorbenen, die in guter oder böser Absicht in die Körper der Anbeter eindringen. Böse Geister können auch ausgetrieben werden. Die Priester und Priesterinnen, „Hungans" und „Mambos", fungieren als Vermittler zwischen der Welt der Menschen und der Geister und üben beträchtlichen Einfluß auf die Laiengemeinde aus. Im 17. Jahrhundert gründeten entsprungene haitianische Sklaven und Voodoo-

Voodooriten in Haiti.

gläubige, die „Maroons", im Hinterland eine Widerstandsbewegung und lösten unter ihrem Führer François Macandal 1758 den ersten Sklavenaufstand aus. Sein Nachfolger Bookman verfaßte die Voodoo-Unabhängigkeitserklärung, in der es heißt: „Unsere Götter schufen die Sonne, die uns Licht spendet, ließen die Wellen hochschlagen und beherrschten den Sturm; sie sehen alles, was der weiße Mann tut. Unsere Götter befehlen uns, uns

für alles Böse zu rächen." Die Rache folgte in einem letzten Vergeltungsschlag, den Toussaint-L'Ouverture 1802 gegen die spanischen Pflanzer führte. Er wurde zwar gefangen und nach Frankreich gebracht, wo man ihn zum Tode auf dem Scheiterhaufen verurteilte, aber die Revolte befreite Haiti erfolgreich vom Joch der Kolonialherrschaft. Voodoo verbreitete sich in ganz Amerika und blieb – allerdings zur Koexistenz mit der römisch-katholischen Kirche gezwungen – die dominierende Religion Haitis. In Haiti wurde Voodoo zudem auch als politische Waffe eingesetzt. Während der Herrschaft von Papa Doc Duvalier war Voodoo auch eine Form des Terrors zur Unterdrückung der Bevölkerung, da Priester Mitglieder der Regierung und der berüchtigten Todesschwadronen, der „Tonton Macoute", waren.

Voodoo läßt sich eindeutig auf den primitiven animistischen Glauben der alten afrikanischen Stämme zurückführen. Statt eines einzigen Gottes im Himmel herrscht dort die Auffassung, daß Gott überall ist, sowohl in der belebten und unbelebten Materie als auch in den Toten und den Lebenden. Daher verwendet man in Voodoorituálen zahlreiche Fetische wie Hundeschädel, Haare, Fingernägel, Knochen, Hühnerfedern und Schlangen und treibt gefährliche „Loa" durch rituelle Opferungen aus.

DIE LEBENDEN TOTEN

•

Eines der berüchtigsten und eingängisten Elemente im Voodoo, das häufig verzerrt dargestellt oder romantisch verherrlicht wird, ist der Zombie, der „lebende Tote". Dabei handelt es sich um ein Geschöpf, dessen Seele geraubt wurde. In Wirklichkeit glauben die Voodooanhänger, daß der Geist eines Menschen, der im Leben Böses getan hat, zur Strafe in einen Dauerzustand des Nichtseins – vergleichbar mit dem christlichen Fegefeuer – versetzt werden kann. Es ist also nicht die zufällige Begegnung mit dem Zombie, die die Gläubigen in Schrecken versetzt, sondern die Angst, man könne als Vergeltung für seine Sünden selbst einer werden. Da man auch durch Zauberei zum Zombie werden kann, sind die Priester ungeheuer angesehen und mächtig. Forschungsergebnisse haben gezeigt, daß die Voodoopriester tatsächlich über Rezepte für di-

verse Tränke verfügen, die den Menschen in einen Zustand todesähnlicher Katatonie versetzen können. Diese Drogen enthalten ein Nervengift, das aus dem Fleisch eines Fisches aus den küstennahen Gewässern der Karibik gewonnen wird.

OKKULTE RITEN

•

Trotz des schlechten Rufes, der den Voodoopriestern vorauseilt, handeln sie meist für einen guten Zweck. Sie verfügen über die Gabe der Geisteraustreibung und können durch heilende Rituale helfen, wo die Schulmedizin versagt.

Zu diesen okkulten Riten gehören Zaubersprüche, Trommeln und Tanz, die Verwendung von Kräutertränken und Tieropfern, wobei der schwarze Hahn das beliebteste Opfertier ist. Der Kranke wird mit dem Blut des noch lebenden Tieres beträufelt, und der Geist, der ihn befallen hat, wird durch das Aufsagen bestimmter Zaubersprüche auf den Vogel übertragen. Der Hahn wird anschließend ins Feuer geworfen, so daß die reinigende Wirkung der Flammen den bösen Geist austreibt und dem schädlichen Einfluß entgegenwirkt.

Voodoo ist ein Erdkult, seine Hauptgöttin ist die schwarze Jungfrau Erzulia; in den Vereinigten Staaten haben sich viele der Voodogeister in Macht und Identität mit christlichen Heiligen vermischt. Voodoo ist aber grundsätzlich ein Ahnenkult, weshalb Friedhöfe und andere Begräbnisstätten eine zentrale Bedeutung haben. Unter anderem tritt hier auch die furchterregende Gestalt des Baron Samedi auf, der für die Toten verantwortlich ist und aus der Erde emporsteigt. Mit seinem schwarzen Zylinder und Umhang ist Baron Samedi eine der schillernden Gestalten aus den Horrorfilmen Hollywoods.

Haitianischer Altar für Baron Samedi.

TEMPELRITTER UND ROSENKREUZER

Grabeskirche,
Jerusalem.

Im Mittelalter entstanden einige militärische und paramilitärische christliche Bruderschaften, zu denen in manchen Fällen nur Ritter Zutritt hatten. Dazu gehörten die „Tempelritter"; sie entstanden aus dem „Johanniterorden", der im gerade von den Sarazenen befreiten Jerusalem zur Pflege von Kranken gegründet wurde. Die Templer mußten Militärdienst im Kampf gegen die Sarazenen leisten, die Jerusalem immer noch mit der muslimischen Eroberung bedrohten. Der Orden wurde 1119 gegründet und 1128 durch Papst Honorius I. offiziell anerkannt. Er spielte eine

wichtige Rolle in den Kreuzzügen, war für die ungewöhnliche Rundform seiner Kirchen bekannt und verlangte von seinen Mitgliedern ein Gelöbnis der Brüderlichkeit, Ehelosigkeit und Armut. Die einzelnen Ritter mußten ihre weltlichen Besitztümer in den Orden einbringen, der dadurch ungeheuer wohlhabend wurde. Aufgrund seines Reichtums und seiner Rolle als Vorläufer internationaler Banken und Makler zog sich der Orden das Miß-

trauen von Kirche und Staat zu, und seine Mitglieder wurden immer wieder der Ketzerei, Homosexualität und Götzenanbetung beschuldigt. Edward II. wurde 1308 dringend nahegelegt, Besitztümer der Templer in England, Schottland und Wales einzuziehen. Seine Staatskasse war durch die Unruhen unter den Adeligen der britischen Inseln am Anfang des 14. Jahrhunderts schlecht bestückt, und er gab dem Druck nach. Der Londoner Tempel, der Hauptsitz der Tempelritter in England, wurde geschlossen, und die ersten Ritter wurden eingekerkert. In Europa erreichte der Konflikt 1312 seinen Höhepunkt, als Philip IV. von Frankreich bei Papst Clemens V. die Auflösung des Ordens erzwang. Auf den britischen Inseln und auf dem europäischen Festland wurden Ordensbrüder gefangengenommen und oftmals zur Erpressung falscher Geständnisse von der päpstlichen Inquisition gefoltert. Die Templer wurden als Bruderschaft praktisch ausgelöscht und die meisten führenden Mitglieder hingerichtet. Es wurde verfügt, daß der Johanniterorden, der wohltätige und militärische Aufgaben erfüllte und zu dem auch Nonnen als Krankenpflegerinnen gehörten, einen Großteil des Templervermögens übernehmen sollte, obgleich dieses auch im weltlichen Bereich von Nutzen war: Die Mitgift der Isabella von Frankreich bei ihrer Heirat mit Edward II. bestand vor allem aus Besitztümern der Templer, und die Einnahmen der englischen Krone wurden in ähnlicher Größenordnung durch den Verkauf von Templerländereien aufgestockt.

DIE ROSENKREUZER

•

Den Templern in ihren Prinzipien ähnlich, jedoch nicht militärisch organisiert war die „Bruderschaft der Rosenkreuzer". Ihr Ursprung geht auf die mythische Gestalt des Christian Rosenkreutz zurück, einen deutschen Adeligen, der von 1378 bis 1484 gelebt haben soll. Nachdem er Damaskus und andere christliche Stätten im Nahen Osten bereist und dort alchemistische Kenntnisse erworben hatte, soll er irgendwo in Deutschland den okkulten Orden gegründet haben. Nach seinem Tod ruhte die Aktivität der Bruderschaft bis zum Jahr 1614, als das katholikenfeindliche Blatt „Fama Fraternitas" einen Bericht veröffentlichte, in dem stand, daß das Grab des Christian Rosenkreutz mit einem unversehrten Leichnam gefunden wur-

Kreuz der Rosenkreuzer.

de. Dies führte zu einer Wiederbelebung des Kultes in Europa und starkem Interesse in England, vor allem während der Jahre des puritanischen Interregnums, wo die Kirche gerade wegen der „Verkehrung von Religion in Phantasie" heftige Kritik übte. Die Anhängerschaft in England blieb jedoch erhalten, und zahlreiche okkulte Texte wurden übersetzt und verbreitet. Allerdings wurde erst in der zweiten Hälfte des 19. Jahrhunderts offiziell eine englische Rosenkreuzer-Bruderschaft unter dem Namen „Societa Rosicruciana in Anglia" (SRIA) gegründet.

DIE SOCIETA ROSICRUCIANA IN ANGLIA

•

Vom Freimaurer Robert Wentworth Little und seinen Logenbrüdern 1865 gegründet, stand die SRIA von Anfang an mit ihrer deutschen Muttergesellschaft in Verbindung. Viele Freimaurer fühlten sich zu den Rosenkreuzern hingezogen, denn der Grad des Meistermaurers war eine wesentliche Voraussetzung für den Eintritt in die Verbindung. Die Satzung der Gesellschaft basierte auf Graden und Ritualen, die angeblich mittelalterlichen Ursprungs waren, jedoch vermutlich aus einem viel jüngeren Text aus dem

Jahr 1781 kopiert wurden. Es gibt bei den Freimaurern sogar einen Grad, der als 18. Grad oder Ritter vom Rosenkreuz bezeichnet wird. Einige Historiker vertreten die Auffassung, daß der Ritter vom Rosenkreuz von den Rosenkreuzerprinzipien abgeleitet sei und in England unter Sir Thomas Dunckerley ab dem Ende des 18. Jahrhunderts als unabhängige Freimaurerdisziplin existiert habe.

Die SRIA folgte einer christlich orientierten Doktrin, die sich mit dem Glauben an Alchemie, Hellseherei, Reinkarnation und Okkultismus vermengte, obwohl ihr immer wieder eine übermäßig materialistische Einstellung vorgeworfen wurde. Der Initiation folgen Grade, über die man in die höheren Ränge der Gesellschaft aufsteigen konnte.

Im 20. Jahrhundert entstand in Christchurch in der Grafschaft Hampshire um das Rosenkreuzertheater, das 1938 eröffnet wurde, eine aktive Rosenkreuzergruppe. Zu den Gründungsmitgliedern gehörte die wohlhabende Witwe Dorothy Clutterbuck – sie führte Gerald Gardner, den späteren Gründer des „Wicca-Hexenkultes", in das Rosenkreuzertum ein. Es wird angenommen, daß das Rosenkreuzertheater nur ein Vorwand für den südenglischen Coven der britischen Hexen war, die zu dieser Zeit in Hampshire praktizierten und nicht unter die Bestimmungen des Hexereigesetzes von 1735 fielen.

Die SRIA soll, so die Auffassung einiger Historiker, die Anregung zur Gründung des okkulten „Hermetischen Ordens der goldenen Morgenröte" geliefert haben, dessen Rituale in vieler Hinsicht die der Rosenkreuzer nachahmen. Das heutige Zentrum der „Rosenkreuzer Gesellschaft" befindet sich in Kalifornien, wo sie Vernunft predigt und ihren Mitgliedern Erfolg verspricht.

DIE QUÄKER

•

Die älteste der drei abtrünnigen christlichen Sekten, die in den letzten 300 Jahren Bekanntheit erlangten und die es auch nach wie vor gibt, sind die „Quäker". Gegründet 1650 von einer Gruppe um George Fox, einen Wanderarbeiter und Schuhmacherlehrling, lautet ihr voller Name „Society of Friends". Ihr Spitzname, die „Zitterer", stammt daher, daß sie bei ihren Versammlungen angesichts der Anwesenheit Gottes vor Angst zitterten. Sie praktizieren vor allem stille Formen der Verehrung und glauben, daß der Heilige Geist der menschlichen Seele innewohnt, die sich von diesem inneren Licht leiten lassen kann. Sie lehnen auch viele traditionell christliche Rituale wie etwa die Kommunion ab. Während der Ära Cromwells in Großbritannien verweigerten sie vielen gesellschaftlichen Normen der Puritaner ebenso wie den Priestern und Richtern die Anerkennung. Dadurch wurden sie unbeliebt, und mancherorts betrachtete man sie als unwissende und potentiell gefährliche Fanatiker. Der Eindruck der Verschrobenheit wurde durch die Tatsache, daß manche von ihnen von „Glossolalie" erfaßt wurden – das heißt, „in Zungen redeten", was in einigen amerikanischen Gruppen immer noch vorkommt –, nicht unbedingt widerlegt.

Heute hängen sie in ihrem Verhältnis zu anderen christlichen Gemeinschaften durchaus ökumenischem Gedankengut an; in der Vergangenheit waren sie aktive Sozialreformer. Einer der Führer aus ihrer Anfangszeit,

> *„Viele verließen die sichtbaren Kirchen und Gesellschaften und zogen umher wie die Schafe, die ihren Hirten verloren haben, wie die Tauben ohne ihre Gefährten; sie suchten Ihn, den sie liebten, und konnten nicht finden, was ihnen das höchste Glück war."*
> (VORWORT ZU FOX'S JOURNAL – WILLIAM PENN)

William Penn, wanderte nach Amerika aus und gründete dort den Staat Pennsylvania, der ursprünglich vor allem von Quäkern bewohnt wurde. Die Quäker standen auch an der Spitze der Bewegung zur Abschaffung der Sklaverei im 18. Jahrhundert.

Quäker in Pennsylvania.

DIE MORMONEN

•

Richtig lautet der Name der Bewegung eigentlich „Kirche Jesu Christi der Heiligen der letzten Tage". Sie wurde 1830 von Joseph F. Smith als missionarische Predigersekte in Fayette im Bundesstaat New York gegründet. Smith, geboren 1805 in Vermont, arbeitete als Knecht auf einer Farm, als er im Alter von 15 Jahren die religiöse Berufung verspürte. Er behauptete 1827, ihm sei der Prophet Mormon erschienen, der den Volksstamm vertrat, dem Christus kurz nach seiner Himmelfahrt erschien. Dieses Volk stammte von drei der verlorenen Stämme Israels ab. Smith erhielt die Weisung, das „Buch Mormon" niederzuschreiben, dessen Original in goldene Platten eingraviert von Mormons Sohn Moroni auf einem Hügel in Palmyra im Bundesstaat New York vergraben wurde. Das Buch sollte entweder die Bibel ersetzen oder als verläßlicher Teil der christlichen Schriften anerkannt werden. Smith war der festen Überzeugung, daß Jesus Christus sich den frühen Auswanderern in die Neue Welt gezeigt hatte. Ihnen wurde gesagt, sie sollten den Boden für ein neues Jerusalem bereiten, und Christus würde kommen und ihre Welt tausend Jahre regieren. Mit anderen Worten sprach er für eine Form des Millenarismus, die sich ausschließlich auf die Vereinigten Staaten bezog. Auf dieser Basis gründete Smith mit nur sechs

Mormonen auf dem Weg nach Westen.

spürte die wachsende Feindseligkeit an der amerikanischen Ostküste und veranlaßte den Abzug nach Westen. Im Jahre 1847 führte er 148 Gläubige in das Tal des Großen Salzsees in Utah, damals noch mexikanisches Territorium. Er gründete am Seeufer Salt Lake City und begann, in der Umgebung Seelen für die Mormonen zu gewinnen. Er führte auch verschiedene nicht-christliche Praktiken, wie die Polygamie, fort.

Brigham Young starb im Jahr 1877 im Alter von 76 Jahren. Trotz eines Bundesgesetzes aus dem Jahr 1862, das Mehrfachehen verbot, und anderer Gesetze, aufgrund derer Mormonen wegen Polygamie ins Gefängnis wanderten, hielt die Mormonenführung bis ins Jahr 1890 daran fest, bis der damalige Führer der Gemeinde, Wilford Woodruff, sie abschaffte.

Tempel, Salt Lake City, Utah.

Anhängern die Mormonenkirche und gab das „Buch Mormon" mit der finanziellen Unterstützung eines seiner Gefolgsleute heraus. Wie bei den Quäkern war auch bei den Mormonen die „Glossolalie" im Spiel, und Smith schrieb seiner Gemeinde ein gut organisiertes Ritual vor, bei dem sich jeder erhob und still für sich betete. Er soll auch polygam gewesen sein und es auf acht Ehefrauen gebracht haben. Diese erstaunliche Neuerung rechtfertigte er durch die dreifache Ehe Jesu Christi – mit Maria von Bethanien, Maria Magdalena und Martha – und mit der Tatsache, daß die meisten biblischen Gestalten polygam gewesen waren. In Illinois gründete Smith 1838 am Ufer des Mississippi Nauvoo, die erste überwiegend von Mormonen bewohnte Stadt; die Bevölkerung wuchs durch einen Ansturm von Auswanderern, vor allem aus England. Unter den Einwohnern von Nauvoo kam es jedoch 1844 zu Unfrieden, nicht zuletzt wegen der umstrittenen Polygamie, und Smith wurde festgenommen. Er wurde mit seinem Bruder Hyrum im Distriktsgefängnis in Carthage wegen Hochverrats inhaftiert, das Gefängnis wurde jedoch vom Mob gestürmt, und die beiden wur-

den erschossen. Zu diesem Zeitpunkt lebten in Nauvoo etwa 20.000 Mormonen, doch die Sekte hatte sich auch weit außerhalb der USA ausgebreitet.

EIN NEUER FÜHRER
•

Auf Smith folgte Brigham Young, ebenfalls aus Vermont. Er war mit zwölf anderen Jüngern nach England geschickt worden, um in Preston und Liverpool Seelen für die Glaubensgemeinschaft zu gewinnen. Bei seiner Rückkehr wurde er zum Führer der Mormonenkirche ernannt. Young

DIE MODERNEN MORMONEN

Seit dieser Zeit haben die Mormonen eine Reihe weiterer organisatorischer Veränderungen erlebt. Als Brigham Young starb, wählten die Mormonen Joseph Smith, den Sohn des Gründers, zu ihrem Führer und widerriefen die meisten nicht-christlichen Neueinführungen Youngs. Ihre Praktiken und Rituale haben starke Ähnlichkeiten mit denen der Freimaurer. Sie haben die Polygamie nie ganz aus den Augen verloren, denn sie sind der Auffassung, daß ihre Seelen auf den fernen Planeten zurückkehren werden, von dem sie dereinst kamen. In diesem weit entfernten Teil der Galaxis leben sie in ihrer Vorstellung als Götter und können nach Herzenslust der Polygamie frönen.

Austritte aus der Mormonenkirche führen zur Exkommunikation und haben oft Schmähungen und Einschüchterungen zur Folge.

DAS ENDE IST NAHE!

DIE PLYMOUTH BRETHREN
•

Gegründet 1827 in Dublin von Henry Groves und dem Reverend John Nelson Darby, sind die „Plymouth Brethren" ein lockerer, aber exklusiver protestantischer Zusammenschluß — eine Sekte, die sich nach einer 1831 im englischen Plymouth abgehaltenen ersten Versammlung nannte. Sie ernennen keine Geistlichen, erkennen keine kirchliche Ordnung an, veröffentlichen keine Glaubensgrundsätze und feiern keine Gottesdienste in Kirchen. Auch die Verbreitung des Evangeliums liegt ihnen nicht wesentlich am Herzen. Im Jahre 1848 gab es eine Spaltung, und die „Brüder" organisierten sich in offenen und geschlossenen Bruderschaften, wobei letztere keine anderen Kirchen als ihre eigene anerkennen.

Die „Plymouth Brethren", die immer eine kleine Gemeinschaft waren, breiteten sich in Nordamerika aus, wo sie 65.000 Angehörige in acht Gruppen haben. In Großbritannien beschränken sich ihre Anhänger auf kleine Grüppchen unter den Fischern Nordostschottlands. Ihre Religion ist einfach und freudlos, sie basiert auf Gebet und Bibellesung. Mit den „Zeugen Jehovas" haben sie gemeinsam, daß sie die Bibel wörtlich auslegen und damit rechnen, beim bevorstehenden Jüngsten Gericht zu den wenigen zu gehören, die dazu ausersehen sind, gerettet zu werden.

DIE ADVENTISTEN DES SIEBENTEN TAGES
•

Sie gehören zu den christlichen Sekten, die an die Wiederkehr Christi

John Nelson Darby (1800–1882).

glauben. Begründet wird dies mit mehreren Aussagen im Neuen Testament – besonders in der Offenbarung – und einigen Schriften der alttestamentarischen Propheten, wie etwa Daniel. Die Endzeitphilosophie ähnelt jener der „Plymouth Brethren" und der „Zeugen Jehovas"; manche Ansichten teilen sie auch mit den „Christadelphians" und der „Four Square Gospel Alliance". Sie hängen dem Millena-

rismus an, glauben also, daß Christus auf die Erde zurückkehren und tausend Jahre über die Menschheit herrschen wird. Verschiedene Zeitpunkte dafür wurden bereits vorausgesagt, bislang ist die Voraussage jedoch noch nicht eingetroffen.

DIE ZEUGEN JEHOVAS
•

Als jüngste Sekte im Trio der radikalen Christen wissen die „Zeugen Jehovas" nicht nur, daß das Jüngste Gericht bevorsteht, sondern behaupten auch, als einzige den genauen Zeitpunkt zu kennen. Sie glauben, daß sie nach Armageddon mit Christus das neue Universum beherrschen werden, während der weniger glückliche Rest der Menschheit dem Untergang geweiht ist. Die Zeugen wurden 1872 in Pittsburgh von Charles Taze Russell gegründet. Sein Nachfolger Joseph Franklin „Judge" Rutherford hatte ähnlich klare Zukunftsvorstellungen. So würde eine zahlenmäßig genau erfaßte Gruppe von Auserwählten, 144.000 Gläubige, die als die Gesalb-

DIE „EXCLUSIVE BRETHREN"

Die „Exclusive Brethren" sind ein extremer Ableger der „Plymouth Brethren". Die Mitglieder dieser Splittergruppe einer bereits radikalen christlichen Sekte glauben daran, ihr Heil in noch stärkerer Isolation zu finden als die „Plymouth Brethren". Die Mitglieder müssen sich an viele strenge Vorschriften halten. „Exclusive Brethren" dürfen in keiner Form mit den Medien in Berührung kommen — sie dürfen weder fernsehen noch Radio hören. Den Kindern ist die Teilnahme an vielen Schul- und Sportveranstaltungen verboten. Es gibt auch äußerst strenge Bekleidungsvorschriften. Die Zahl der Mitglieder der „Exclusive Brethren" in Großbritannien wird derzeit auf etwa 10.000 geschätzt.

ten bezeichnet werden, direkt in den Himmel gelangen, während die übrigen fünf Millionen Sektenmitglieder eine paradiesische Erde bevölkerten. Für die „Zeugen Jehovas", die sich an die Rhetorik des Arius halten, existiert die Heilige Dreifaltigkeit nicht, und es gibt tatsächlich nur „einen Gott". Darüber hinaus ist Christus nur das sterbliche Abbild des Höchsten Wesens.

DAS ENDE IST NICHT FERN

•

Die „Zeugen Jehovas" haben sich in den rund hundert Jahren ihrer Existenz beim Werben um neue Mitglieder immer wieder auf Voraussagen des Datums für den Jüngsten Tag berufen, der meist nicht mehr fern war. Ihre wörtliche Bibelauslegung besagt, daß

allen großen Augenblicken der Rettung oder Katastrophen eine Zeit großer Wirrnis vorausgeht. Das erste Mal wurde das Jüngste Gericht für 1914 vorausgesagt, aber als das Jahr vorüberging, zog man daraus den Schluß, daß Christus noch vor dem tatsächlichen Ende der Welt zu einem inoffiziellen Besuch gekommen war. Nach dieser Enttäuschung wurden zunächst 1925, dann 1975 als nächste Möglichkeiten für den Jüngsten Tag festgelegt.

Die „Zeugen Jehovas" glauben so sehr an ihren Status als Auserwählte, daß Rutherford Urkunden zur treuhändischen Verwaltung seines Eigentums für Noah und andere Gestalten des Alten Testaments zum Gebrauch

---

*Taufe eines
Adventisten-Anhängers.*

in der neuen Welt ausstellen ließ. Viele Anhänger verkauften vor dem Weltuntergang ihre Häuser und Wertsachen. Die Mitglieder der Sekte sind aber auch in anderer Hinsicht extrem. Sie verweigern den Wehrdienst, Stimulantien und Bluttransfusionen, haben keine Geistlichen, sind aber aggressive Prediger und behaupten, daß die anderen Kirchen in der Hand des Teufels und daher verdammt sind. Ihr Gedankengut verbreiten sie in „Der Wachturm".

Im November 1995 änderte sich ihre Politik grundlegend. Die Führung kündigte an, daß sie aufgrund früherer Rechenfehler nicht mehr in der Lage sei, das Datum des Jüngsten Tags vorauszusagen, bestätigte aber, daß sein Eintreten und die Folgen außer Zweifel stehen.

CHRISTIAN SCIENCE

Mary Baker Eddy in Stoughton.

Mary Baker Eddy gründete diese Sekte Ende des 19. Jahrhunderts in den USA als „Church of Christ, Scientist" – sie war eine von vielen neuen und oft exzentrischen Gruppen. Mary Baker Eddy wurde 1821 in New Hampshire geboren. Ihre Familie glaubte fest an Bestimmung und Schicksal. Sie selbst begann sich für Spiritualismus und Hypnose zu interessieren. Unter dem Einfluß eines Geistheilers namens Phineas P. Quimby, der sie angeblich von alternierenden hysterischen und depressiven Zuständen heilte, eignete sie sich seine hausgemachte Philosophie an, daß Krankheit nur das Ergebnis der eigenen Gedanken war und das Böse nicht existierte. Die Gesundheit war seiner Aussage nach der natürliche Zustand des Menschen und jede Krankheit selbst induziert.

Aus Quimbys Theorie entwickelte sie ihre eigene Philosophie, in der sie die objektive Welt und die Dreifaltigkeit verwarf. Sie glaubte fest daran, daß die Realität nur durch die Spiritualität existierte, da ja Gott spirituell und gut war – alle anderen Aspekte der Materie und des Menschen waren unwirklich. Krankheiten kämen aus bösem tierischem Magnetismus – aus diesem Grund vertrat sie das Prinzip des Geistheilens. Die Vergebung der Sünden sollte von Illusionen befreien, und die Rolle Christi lag in der Verbreitung dieser wichtigen Botschaft. Auf gewisse Weise war sie Gnostikerin und versuchte gleichzeitig, die ursprünglichen Glaubensgrundsätze des Christentums wiederzubeleben, die über Jahrhunderte verloren waren.

DIE FIRST CHURCH OF CHRIST, SCIENTIST

•

Im Jahre 1875 veröffentlichte Mary Baker Eddy ihr Buch „Science and Health with a Key to the Scriptures". Obgleich viele Exemplare aus der Anfangszeit vernichtet wurden, gewann das Buch an Beliebtheit und brachte ihr ein beträchtliches Einkommen, welches sie geschickt investierte und damit dem Vorwurf entgegentrat, sie sei am Geld mehr interessiert als an

> „Gott ist alles in allem; Gott ist gut, Gott ist das Denken, Gottes Geist ist alles, nichts ist Materie."
> (MARY BAKER EDDY)
> „Wir sehen Gottes Vergebung der Sünden in der Vernichtung der Sünde und im sprituellen Verständnis, das das Böse als unwirklich verwirft. Der Glaube an die Sünde wird so lange bestraft, wie er andauert."
> (ARTIKEL 3 DES OFFIZIELLEN GLAUBENSBEKENNTNISSES DER „CHRISTIAN SCIENCE")

Gott. Der Erlös aus den Investitionen und die Spenden ihrer Anhänger ermöglichten ihr die Gründung eines metaphysischen Kollegs in Boston. Daraus entstand 1879 die „First Church of Christ, Scientist". Das erste Zentrum wurde 1895 dort gebaut. In der Sekte legte sie den Grundstein zu einer hierarchischen Struktur, gestattete keine Abweichung von ihrer Sichtweise der Wahrheit und verbot jegliches freie Predigen. Wo auch immer die „christliche Wissenschaft" praktiziert wurde, mußten die Gottesdienste in vorgeschriebener Abfolge mit festgelegten Lesungen aus ihrem Buch abgehalten werden. Die Bibel war zweitrangig und zweifelhaft. Die Kommunion wurde abgelehnt, da es keine Fleischwerdung Gottes gegeben hatte. Die Anhänger durften keine Stimulantien wie Alkohol oder Tabak zu sich nehmen, die fanatischsten Anhänger verweigerten auch Tee und Kaffee. Mrs. Eddy war eine leidenschaftliche Anhängerin des Grundsatzes, daß „Gesundheit und Glück Gottes Wille" seien. Damit schloß sie sich der Optimismus-Theorie der „Unitarier" an.

Trotz des puritanistischen Gedankenguts breitete sich die Sekte von Amerika kommend auch in den englischsprachigen Ländern aus. Ihre Ansichten und Berichte von nationalen und internationalen Ereignissen wurden durch die Tageszeitung „The Christian Science Monitor" verbreitet, die 1908 in Boston gegründet wurde. In der Bewegung gibt es keine geweihten Geistlichen, die Mitglieder gelten aber als Geistheiler, manche praktizieren mit offizieller Genehmigung.

DAS ASKETISCHE LEBEN DER „CHRISTIAN SCIENTISTS"

•

Die Anhänger der „Christian Science"-Bewegung führen im Sinne ihrer Gründerin ein asketisches Leben. Auch sie lehnen jede medizinische Behandlung, einschließlich Bluttransfusionen, ab, da sie in Gott die Rettung aus Krankheit und allem Übel sehen. Von Zeit zu Zeit finden sich die „Christian Scientists" auf den Titelblättern der Gazetten wieder, wenn sie zum Beispiel in kritischem Gesundheitszustand die schulmedizinische Behandlung ablehnen.

Die Sekte erfreut sich unter den überzeugten Christen nicht allzu großer Beliebtheit, da diese darin eine Doktrin für wohlhabende Menschen ohne großen Trost für die Armen, Unterdrückten und Hungernden sehen. Wenn das Böse eine Illusion und Gott wirklich gut ist, so meinen sie auch, dann sei es unlogisch, daß das Schlechte in dieser Welt Teil unserer bewußten Existenz ist.

Die Ausbreitung der „Christian Science-Kirchen".

DER MODERNE CHRISTLICHE WEG

In den ersten Jahrzehnten des 20. Jahrhunderts entstanden mehrere eifernde katholische Bruderschaften. Sie widmeten sich nach außen hin der Verehrung Mariens, der Mutter Gottes, waren jedoch de facto eher daran interessiert, die weitere Verbreitung des Nationalsozialismus in Deutschland und des Kommunismus im Rußland nach der Oktoberrevolution aufzuhalten. Schon seit dem 17. Jahrhundert wurde die nationale Sicherheit vieler katholischer Länder, besonders Spaniens und Polens, als Puffer gegen die Protestanten und Freimaurer in die geschickten und manchmal auch militanten Hände der Jungfrau Maria gelegt. Ab dem Spanischen Bürgerkrieg gab es zahllose unterschwellig militante und geheimnisumwitterte Marianische Bruderschaften, die alle politisch rechtsgerichtet waren und unter dem Patronat von Maria standen.

General Franco bei der Eröffnungssitzung
der Cortes (1958).

OPUS DEI

•

Die einflußreichste dieser Bruderschaften war das 1928 von Frater José Maria Escriva de Balaguer gegründete „Werk Gottes", das den für katholische Kreise ketzerischen Prinzipien des Freimauerertums entgegenwirken sollte. Unter dem Schutz der Jungfrau Maria entwickelte sich „Opus Dei" als Splittergruppe aus der mächtigen spanisch-jesuitischen „Asociación Catolica de Propagandistas" und wollte die Anbetung von Maria und die Bedeutung der Arbeit für das Christentum fördern und lehren. Die Beliebtheit und Stärke der nach außen hin geschlossenen Gruppierung wuchs nach dem Spanischen Bürgerkrieg. Im Jahre 1943 wurde ein okkulter innerer Kreis, die „Priesterliche Gesellschaft vom

Heiligen Kreuz", gegründet, in den nach diskreter Aufforderung hochrangige Politiker und Kleriker aufgenommen wurden. Bis 1930, dem Gründungsjahr einer Frauenloge, war „Opus Dei" ein reiner Männerbund, der sich der Unterstützung Francos erfreute. Er setzte Mitglieder des „Opus Dei" in seiner Regierung in Schlüsselpositionen ein, so daß Spanien um 1958 de facto vom „Opus Dei" beherrscht wurde.

Es ist keine Überraschung, daß „Opus Dei" auch in Lateinamerika sehr einflußreich wurde. In den sechziger und siebziger Jahren betrieb der Orden Rundfunkstationen in Argentinien und war in zahlreichen Regierungspositionen vertreten. Auch hinter der Militärjunta, die 1971 die Macht übernahm, stand „Opus Dei". Die Botschaft war bekannt – es ging um nationale Säuberung und die Bekämpfung subversiver Elemente.

DIE BLAUE ARMEE MARIENS

•

Die „Blaue Armee Mariens", mit vollem Namen „Blue Army of Our Lady of Fatima", wurde 1947 von Reverend

Die Heilige Maria in Lourdes.

Harold V. Colgan in Plainfield, New Jersey, gegründet. Die Bezeichnung „Blaue Armee" war geschickt gewählt, denn sie spiegelte nicht nur den blauen Mantel Mariens wider, sondern auch den Wunsch, die „Rote Gefahr" zu bannen, die von Kuba her die USA aus nächster Nähe bedrohte. Die Satzung beruhte strikt auf den Botschaften „Unserer Lieben Frau von Fatima", die zwischen 1925 und 1928 der Dorotheanernovizin Lucia in einem Dorf nördlich von Lissabon erschienen war, ergänzt durch Warnungen vor der drohenden Eroberung der freien Welt und der Massenvernichtung, die eintreten würden, wenn man die Russen nicht schnellstens zum Katholizismus bekehrte. Im Jahre 1950 hatte die „Blaue Armee" bereits eine Million Anhänger. In den nächsten drei Jahren verzehnfachte sich die

Zahl, auch aktive Kommunisten waren unter den Bekehrten zu finden. Douglas Hyde, damals Redakteur beim linksgerichteten „British Daily Worker", bekannte sich im Jahr 1951 öffentlich zur Heiligen Maria.

Dieser Kult stand stärker in der Öffentlichkeit als „Opus Dei" und ermutigte seine Mitglieder, sich durch ein blaues Band oder später durch ein nach Regionen verschiedenes „Blue Army"-Abzeichen zu erkennen zu geben. In den Vereinigten Staaten war es eine blaue Medaille, in Großbritannien ein blaues Herz, in Spanien ein blauer Stern und in Frankreich ein blaues Kreuz.

DIE RITTER DES COLUMBUS

•

In der Ausgabe Mai 1957 der Zeitschrift „Life" hieß es, die „Columbus-Ritter" seien „der Welt größte und stärkste katholische Bruderschaft, die auf der festen Grundlage günstiger Lebensversicherungen" aufbaue. Sie war auch eine feste Burg gegen die vermeintliche kommunistische Bedrohung, die die phantasiebegabten amerikanischen Patrioten in den Nachkriegsjahren überall lauern sahen. Vor dem Hintergrund der kommunistischen Hexenjagd von Senator McCarthy waren sie gestärkt und sendeten über mehr als 200 lokalen Radiosendern Reden zum Thema "Vorsichtsmaßnahmen für die USA". Sie gaben die Monatsschrift „Columbia" heraus, in der von der Madonnenpuppe bis zur Mariennachttischlampe alles zu finden war, und unterstützten Senator McCarthy mit Werbekampagnen und Marienslogans. Der bekannteste Vertreter in Rom war Kardinal Spellmann, US-Militärvikar während des Koreakriegs. Die „Columbus-Ritter" mußten verschiedene Grade der Ini-

tiation absolvieren und erhielten nach dem dritten Grad die Erlaubnis, die Columbus-Medaille mit Windrose und Kompaß, Schwert und Anker zu tragen. In Irland entstand als Ableger der „Ritter des Columbus" die gegen die Freimaurer gerichtete Bewegung der „Ritter des St. Columbanus". Gegründet 1909, wollte diese Bewegung die „protestantische Vorherrschaft und den britischen Sozialismus" bekämpfen. Unter strengen Regeln der Geheimhaltung förderten die „Ritter des St. Columbanus" die Ernennung von Katholiken in Schlüsselpositionen.

DIE RITTER DES ST. COLUMBIA

•

Eine der britischen Gruppen, die aus der amerikanischen Bewegung hervorging, waren die „St. Columbia-Ritter", die im September 1954 an einem eher ungewöhnlichen Ort, dem kleinen Badeort Leamington Spa, gegründet wurden. Im selben Jahr marschierten ihre Anhänger zusammen mit Vertretern der britischen Luftwaffe und anderen vor 90.000 Katholiken um das Wembley-Stadion und beteten nicht weniger als 3.750 Ave Maria zu Ehren „Unserer Lieben Frau von Willesden". Die „Ritter von St. Columbanus" in Irland hatten sich einige Jahre zuvor, im Jahre 1948, konstituiert. Zusammen mit den „Rotariern", „Freimaurern" und dem „Lions Club" bildeten sie eine Gruppe zur Förderung von "Patriotismus und nationaler Moral".

Ende der vierziger und Anfang der fünfziger Jahre hatten viele dieser „Marianischen Armeen" weltweite Verbindungen geschaffen und waren als Meinungsbildner und Kommunistengegner aktiv – besonders, nachdem sie ihre historische Abneigung gegen Organisationen wie die der „Freimaurer" überwunden hatten.

WICCA UND MODERNE DRUIDEN

*W*icca, das altenglische Wort für Hexe, wurde vom modernen Hexenkult übernommen, als das Interesse an der Hexerei Anfang des 20. Jahrhunderts neu auflebte. Die Frage, ob der Hexenkult in seiner heutigen Form überlebte oder neu belebt wurde, ist Anlaß zu heftigen Diskussionen; fest steht, daß Gerald Gardner die Hauptrichtung der „Wicca" Ende der vierziger Jahre gründete, indem er alte religiöse Praktiken miteinander verschmolz. Keltische Elemente verbanden sich mit Aspekten der Freimaurerei, der „Rosenkreuzer", der Mythologie des klassischen Altertums und des alten Ägypten sowie einem beträchtlichen Quantum an Phantasie und Erfindungsgeist.

Die Anregung dazu, die Hexerei aus der Versenkung zu holen und mehr Menschen zugänglich zu machen, kam 1951 mit der Verabschiedung eines Gesetzes, das dem einzelnen Medium erlaubte, zu praktizieren, solange niemand zu Schaden kam. Ein daraufhin formulierter Grundsatz der Hexerei lautete ebenfalls: „...was Du auch tust, niemand soll einen Schaden haben". Die verschiedenen Hexereigesetze, die ab 1542 immer drakonischere Strafen vorsahen, wurden zwar 1736 abgeschafft, es blieb aber eine gewisse Rechtsunsicherheit zurück, denn Personen, die angeblich Zauberkräfte besaßen, diese aber leugneten, konnten nach wie vor verfolgt werden. Mit dem Gesetz von 1951

Gerald Gardner (1894–1964), Wicca-Gründer.

wurde Klarheit geschaffen. Auch wenn die Unterschiede verwischt sind, gibt es weltweit vier Formen des „Wiccakultes" – benannt nach Gardner bzw. Alexander, den traditionellen Kult und den vererbten.

Es geht dabei um einen Geheimkult, der aus Initiation und einem Weg der persönlichen Erfüllung parallel zur Entwicklung psychischer und magischer Fähigkeiten besteht. Man entwickelt sich weiter, indem man verschiedene Grade durchläuft. Der Glaube beruht auf der Verehrung der Natur und eines Götterpaars, das eher Naturprinzipien darstellt als in himmlischen Sphären schwebende Wesen. Die Mitglieder sind in „Covens"

zu 13 Personen organisiert, der Kult steht Männern und Frauen offen – mit Ausnahme der radikalfeministischen „Diana-Covens", die es aber fast nur in den USA gibt. Der Kult orientiert sich am Mond und hält acht Mal im Jahr den Hexensabbat, vier Mal zu den alten keltischen Festtagen Imbolc, Beltane, Lughnasa und Samhain (Hauptfeste) und vier Mal zu den Sonnenwenden bzw. Tag- und Nachtgleichen (Nebenfeste) ab.

An der Spitze des Coven steht die Hohepriesterin, manchmal zusammen mit einem Hohepriester; am Anfang der Riten wird der Gott oder die Göttin angerufen, in den Körper des Priesters oder der Priesterin einzudringen. Coven-Versammlungen finden entweder unter freiem Himmel oder in Häusern statt. Dabei wird ein Zauberkreis aufgezeichnet, in dessen Mitte durch Freisetzung der geistigen Energien aller, Trommeln und Tanz im Uhrzeigersinn um den Kreis ein Kraftkegel hergestellt wird. Ritualwerkzeuge wie heilige Messer und Kelche werden verwendet und dem psychischen Training, und der Erforschung der eigenen spirituellen Kapazität durch das Finden von Pfaden durch das Ich wird große Bedeutung beigemessen.

Hexerei kann natürlich zum Nachteil anderer angewendet werden, meist geht es aber darum, Gutes zu tun. Verbindungen zu Satanismus und Teufelsverehrung gibt es nicht, da sich die Hexen und Hexer ausdrücklich vom

Christentum distanzieren, dessen Erfindung der Teufel letztlich ist.

DIE DRUIDEN

•

Das Druidentum bezeichnet kollektiv eine Gruppe kultischer Organisationen, von denen viele den heidnischen Traditionen der alten Kelten verpflichtet sind. Die Druiden beschäftigen sich mit keltischer Mythologie und legen Wert auf dichterische Inspiration und Weissagung mit Hilfe des geheimnisvollen Ogam-Alphabets. Während manche Druiden-Gruppierungen, wie etwa der „Ancient Order of Druids" und verwandte Gesellschaften, in erster Linie wohltätigen Zwecken dienen, verfolgen andere wiederum eher esoterische Interessen.

Der „Alte Orden der Druiden" wurde 1717 von John Tolland gegründet und zog vor allem Männer an, die sich für Hermetismus, Theosophie und einen Gottesbegriff interessierten, der rein auf natürlicher Vernunft basierte.

Druiden bei der Sonnwendfeier in Stonehenge.

Die modernen Druiden sind zwar vor allem Männer, erkennen jedoch die Frau, die für den Geist der Erde steht, an und kennen keine Geschlechterdiskriminierung. Für die heutigen Druiden gibt es keine Gottheit, die sich offenbart – im Sinne des Christentums. Für die Druiden kommt alles in der materiellen Welt aus der Sonne, einer spirituellen Quelle, aus der Energie in Form von Lichtstrahlen auf alle Lebewesen herabsinkt. Im Augenblick des Todes kehrt der Geist in die Sonne zurück.

Der rituelle Jahreskreis orientiert sich an der Sonnenverehrung; dazu gehört als Höhepunkt das Fest der Sommersonnenwende, das traditionell in Stonehenge in der Grafschaft Wiltshire gefeiert wird – auch wenn der Steinkreis historisch nichts mit den Kelten zu tun hat, sondern aus der frühen Bronzezeit stammt. Die Tradition geht auf George Watson McGregor Reid zurück, einem Oberdruiden, der 1908 gewählt wurde und sich sehr für das Recht, in Stonehenge zu feiern, einsetzte. Am Vorabend der Sonnenwende findet um Mitternacht eine Schweigewache auf einem benachbarten Hügel statt, gefolgt von der berühmten Feierlichkeit, sobald die Sonne zum längsten Tag des Jahres aufgeht. Es gibt auch zur Tag- und Nachtgleiche im Frühling und Herbst Feste sowie eine besinnliche Feier zur Zeit der Wintersonnenwende.

Gegen Ende des 18. und im 19. Jahrhundert entstanden eine Reihe von Druidenorden mit ähnlichen Zielsetzungen, von denen einige immer noch existieren: der „Druidenorden", der „Britische Orden vom Universellen Bund" und der „Orden der Ovates, Barden und Druiden", der sich im besonderen für keltische Mythologie und die sogenannten Erdmysterien interessierte.

DER KULT DER PFERDEFLÜSTERER

Mitglied der schottischen „Bruderschaft der Pferdeflüsterer", um 1900.

Einige der außergewöhnlichsten, naturverbundensten Sekten beschäftigten sich mit alten Traditionen der geheimen Verständigung und der Beherrschung der Tiere. In Zeiten, als das Pferd das wichtigste Haustier des Menschen war – als Zugtier, Lasttier und Nahrungsmittel –, entwikkelten stark von Pferden abhängige Kulturen, wie die Kelten, einen Glauben an diese Tiere. Die Pferdeverehrung stand vor allem mit der Verehrung der Muttergöttin in Zusammenhang, es gibt jedoch in Irland auch Männernamen aus der katholischen Mythologie, die sich auf Pferde beziehen, wie Ro-Ech (großes Pferd) und Eochaid.

Die römisch-keltische Göttin Epona stand für das Pferd schlechthin und wurde daher auch auf vielen Altären aus der Römerzeit in Gallien abgebildet. Der Geschichtsschreiber Geraldus Cambrensis aus dem 12. Jahrhundert berichtet von einem seltsamen Pferdekult der Stämme von Ulster, bei dem der Anführer des Clans bei seiner Amtsübernahme in Pferdebrühe baden mußte:

„Das Pferd wurde getötet, in Stükke geschnitten und gekocht. Sodann wurde ihm [dem Anführer] ein Bad aus der Brühe bereitet. Im Bade sitzend ißt er von dem Fleisch, das ihm gebracht wird, und gibt auch den Umstehenden davon. Auch muß er von der Brühe trinken, in der er badet, und darf dabei sich keines Gefäßes oder seiner Hand bedienen. Vielmehr schlürft er die Brühe wie ein Tier."

Dieser scheinbar groteske Ritus symbolisiert das Einswerden der Pferdegöttin mit dem König, der als ihr Gemahl auf Erden gilt. Die rituelle Verwendung von Pferdeköpfen, der Ursprung unserer Steckenpferds, das heute noch in alten Bräuchen eine wichtige Rolle spielt, so zum Beispiel in Padstow in Devon, dürfte in prähistorische Zeiten zurückreichen. Eine der wenigen Menschengestalten, die aus der steinzeitlichen Kunst Großbritanniens erhalten sind, wurde aus einem Knochen geschnitzt und trägt eine Pferdemaske.

Einige dieser ungewöhnlichen Gruppen basieren auf den uralten Überlieferungen der geheimen Verständigung mit Pferden und ihrer Behandlung. Jeder, der eine esoterische Beziehung zu Pferden oder Einfluß auf sie hatte, war eine Respektsperson.

So hatten die sogenannten „Pferde-flüsterer" in ländlichen Bereichen Großbritanniens eine einzigartige gesellschaftliche Stellung.

Möglicherweise ging die Tätigkeit der Pferdeflüsterer-Gesellschaften bis in römische Zeiten zurück. Die Leistungen einzelner Vertreter sind allerdings erst ab dem 17. Jahrhundert aus Aufzeichnungen bekannt. In Sussex gibt es zum Beispiel einen Bericht aus dem Jahre 1648, in dem es heißt, ein John Young beherrsche die Kunst, Pferde durch Flüstern zu lenken. Diese Kulte gab es in den Pferdezuchtgebieten East Anglias, vor allem um Stowmarket und Newmarket, bis zum Ende des 19. Jahrhunderts. Ein geheimes Zentrum dieses Kultes in England soll irgendwo bei Ipswich gewesen sein. In entlegeneren Gegenden Schottlands und Irlands dauerte der Kult vermutlich noch weiter fort, und angeblich gibt es auch heute noch vereinzelt „Pferdeflüsterer". In Schottland waren diese Gruppen kollektiv als „Horsemen Societies" bekannt und erfreuten sich, obwohl sie im geheimen agierten, in der Zeit vor der industriellen Revolution großer Beliebtheit.

Einer der gefeiertsten „Pferdeflüsterer" war James Sullivan aus Cork in Irland, der gegen Ende des 18. Jahrhunderts geboren wurde. Er praktizierte seine Kunst wie die meisten unter Ausschluß der Öffentlichkeit, wurde aber im Jahr 1804 berühmt, als er in Curragh den als besonders bösartig bekannten Hengst King Pippin zähmte. Das Tier hatte sich allen Versuchen widersetzt, es zu bezwingen. James Sullivan gelang das ohne sichtbare Zwangsmaßnahmen.

Die Fähigkeit der „Pferdeflüsterer" wurde angeblich innerhalb von Familien weitergegeben und führte zu großen Rivalitäten unter jenen, die behaupteten, Pferde durch sanfte Geräusche zu immer größeren Leistun-

Pferdeflüsterer und von ihm gelenktes Pferd.

gen bringen zu können. Natürlich glaubte man, daß ein gewisses Maß an Zauberei im Spiel war, die Tätigkeit bestand aber aus nichts als bestimmten Worten und Geräuschen, die in Form eines kleinen Rituals angewandt wurden. Knechten und Landarbeitern, die eine gewisse Einfühlungsgabe und Geschicklichkeit im Umgang mit Pferden hatten, stand die Initiation in den Kult offen. Sobald sie in die Bruderschaft aufgenommen waren, mußten sie einen Verschwiegenheitseid ablegen,

erhielten Kennwörter und wurden in die stärker esoterischen Aspekte des Pferdeflüsterns eingeweiht.

Sie trugen auch einen seltsamen Spitznamen, „Krötenmänner", denn angeblich trugen die „Pferdeflüsterer" unter anderem das V-förmige Kreuzbein einer Kröte in der Tasche. Niemand weiß, wie es angewendet wurde, es heißt allerdings, daß es sehr wirkungsvoll war. Ein sehr erfolgreicher Roman, der sich mit den „Pferde-flüsterern" beschäftigt, erschien 1995.

DIE KINDER GOTTES

*Mitglieder
der „Kinder Gottes".*

Am 24. November 1995 beschloß ein britisches Gericht die Anklage gegen einen Kult, der 1968 in Kalifornien gegründet worden war und in seiner besten Zeit zahlreiche Anhängerkommunen in Südamerika, Europa und Australien hatte.

Die „Kinder Gottes" formierten sich erstmals als harmlose Versammlung von Aussteigern und Hippies an der kalifornischen Küste. Der Begründer des Clubs „Teens for Christ" war David Berg, der die Kinder Gottes völlig für sich gewinnen konnte. Er trug langes Haar, war ein wandernder Christus-Anhänger in mittleren Jahren und ehemaliger Methodistenprediger. Er bot einen berauschenden Cocktail aus Popmusik, Drogen, Sex und Anar-

chie an, versetzt mit einer selbstgestrickten Religion, der sich eine wachsende Gemeinschaft gern anschloß. So entstand die Sekte.

Berg blieb auf dem bekannten Pfad, auf dem viele Prediger wandeln, um Anhänger zu gewinnen: Amerika sei durch seine imperialistische Politik und seinen Materialismus auf dem direkten Weg in den Untergang. Der einzige Ausweg sei die Doktrin des Moses David oder „Vater" David, wie er sich selbst nannte. Er war, um seine eigenen Worte zu verwenden, der „Endzeitprophet", der durch sein „Gesetz der

Liebe" den Weg ins Heil weisen konnte. Natürlich kostete dieser Weg Geld, das die Mitglieder der Sekte aufbringen mußten. Dieses Geld verhalf Berg und seiner Familie zu Wohlstand, während seine Schäfchen in verschiedenen Graden der Armut in religiösen Kommunen lebten. Zunächst wurde den Kultanhängern die Enthaltsamkeit gepredigt, als sich Bergs sexueller Appetit jedoch auch auf die Frauen der Sektenmitglieder ausdehnte, lautete die Botschaft kurzerhand auf unbeschränkte Promiskuität. Dazu gehörte, so hieß es, lesbische und homosexuelle Liebe, Inzest und Pädophilie. Kaum eine sexuelle Praxis war so abwegig, daß sie nicht immer noch als „Liebe Gottes" galt.

Kinder Gottes beim Studium.

DIE STRASSENMÄDCHEN CHRISTI

•

Anfang der siebziger Jahre hatte sich der Kult bereits auf andere Teile der USA ausgebreitet. Reisende Sektenmitglieder hatten durch ihre Predigten aktiv für die Gründung neuer Kommunen gesorgt. Bergs nicht besonders subtile Lehre wurde bei einer Reihe von friedlichen Demonstrationen in verschiedenen US-Städten verbreitet. Mit der Zeit entwickelte sich die Strategie, auch neue Mitglieder durch sexuelle Lockungen zu gewinnen. Berg zog dazu junge Anhängerinnen, die „Straßenmädchen Christi" heran. Diese attraktiven jungen Frauen mußten, egal, ob sie verheiratet oder ledig waren, in Bars und Clubs auf „Flirtfang" gehen, oder wo auch immer sie willige Männer fanden, die sich zuerst ins Bett und dann in die Sekte locken ließen. Den Namen „Kinder Gottes" hatte Berg nicht selbst erfunden, sondern einst von einem Journalisten übernommen, nachdem der selbst-

ernannte Prophet rasch das Potential dieser Bezeichnung erkannt hatte. Im Jahr 1978 fühlte er sich verpflichtet, aus den „Kindern Gottes" die „Familie der Liebe" zu machen, weil die Sekte nach schmuddeligen Presseberichten einen respektableren Namen brauchte.

Als der „Flirtfang" in vollem Gang war, lebte Berg in England und stand mit seinen Anhängern nur indirekt über eine ständige Flut von Briefen in Kontakt. Sie wurden unter den Sektenmitgliedern verbreitet und mittels Flugblättern und Zeitungen an die Öffentlichkeit verkauft. Das Geld floß in die Organisation zurück, vor allem aber in die Finanzierung von Bergs aufwendigem Lebensstil. Er war zu einer Art Endzeit-Messias oder an Moses erinnernden Propheten geworden.

In der Zeit der „Straßenmädchen Christi" wurden zahlreiche Frauen schwanger, ohne zu wissen, wer die Väter der Kinder waren. Die Gemeinschaft sollte sich um diese Opfer religiöser Promiskuität kümmern, vernachlässigte diese Pflicht jedoch meist.

Die Kultanhängerinnen, die der Sekte zu entkommen versuchten, taten dies unter ständiger Angst vor der ewigen Verdammnis und mit der Aussicht auf ein Leben in Armut, während die Außenwelt sie und ihren unehelichen Nachwuchs mit Mißtrauen und Abscheu beäugte.

KINDESMISSBRAUCH

•

Gegen Ende der siebziger Jahre wurde die Polizei in verschiedenen Ländern auf den Kult aufmerksam, nachdem Anschuldigungen von Kindesmißbrauch laut wurden. Berg versuchte, der Sekte ein respektableres Aussehen zu geben, indem er den Namen änderte und an den Methoden ein paar Korrekturen vornahm. Anfang der neunziger Jahre waren die Mitglieder strikt angewiesen, Interna und Details aus der „Familie der Liebe" gegenüber der Außenwelt geheimzuhalten. Die polizeilichen Ermittlungen gingen jedoch weiter, und es wurde festgestellt, daß allein in Südengland über zehn Jahre mehr als tausend Kinder für die Sekte gewonnen worden waren, von denen mindestens 116 aus verschiedenen Ursachen gestorben waren.

Die Strafverfolgung begann im September 1994, und der Beirat für Verbrechensopfer ordnete eine Schadenersatzzahlung für ein Opfer an. Die Sekte bestritt diese Forderung. Im November 1995 erklärte Lordrichter Ward in der zweiten Instanz, daß Berg sexuell pervers war und die Rechte der Kinder auf dem Altar eines falsch verstandenen Dienstes an Gott geopfert hatte. Er entschied gegen den Kult und erteilte einer 28jährigen Londoner Kultanhängerin unter der Bedingung, daß sie sich von Bergs Lehre lossage, das Sorgerecht für ihren 3jährigen Sohn. Nach der Verhandlung stellte eine Sprecherin des Kults das Urteil als Sieg dar.

Am 21. November 1978 schockte die Nachricht von einem Massaker im Dschungel des südamerikanischen Kleinstaates Guayana die ganze Welt. Es handelte sich nicht um politischen Massenmord oder ethnische Säuberungen, sondern den seltsamen Tod von 917 Sektenmitgliedern, darunter 383 Amerikanern. Zunächst wurde Massenselbstmord angenommen, doch die Obduktionen zeigten, daß nur 200 Menschen in den Freitod gingen. Die anderen wurden durch Erschießen getötet. Die Ermittlungen vor Ort führten zur Auffindung von 39 Gewehren und Handfeuerwaffen sowie 2,5 Millionen Dollar. Weiters fand man die Reste eines Brausepulvers,

> **„Mütter, gebt auf Eure Kinder acht. Sie müssen mit Würde sterben."**
>
> (AUSZUG AUS DEM TONBAND MIT DEN LETZTEN WEISUNGEN VON JAMES THURMAN JONES)

aus dem das bei Kindern beliebte Getränk „Kool Aid" hergestellt werden kann – hier allerdings versetzt mit einem tödlichen Cocktail aus Zyankali und Beruhigungsmitteln.

Die Leichen lagen aufgetürmt, viele im Sonntagsstaat, die meisten um den Altar im Versammlungshaus.

Jonestown –
Tod durch Drogencocktail.

Unter ihnen befand sich auch der Kultanführer James Thurman Jones, seine Frau und ihr kleines Kind. Später fanden die Behörden heraus, daß viele Mitglieder der Sekte mit vorgehaltener Waffe gezwungen worden waren, Gift zu trinken. Wer zu fliehen versuchte, wurde von den Wachen erschossen, die sich dann selbst richteten.

JONESTOWN
•

Die Chronik der Ereignisse, die in den grauenhaften Vorfällen vom November 1978 kulminierten, begann im August desselben Jahres, als der selbsternannte Reverend Jim Jones 1.200 seiner Schäfchen in das marxistische

Paradies Guayana führte, um dort ein neues Leben anzufangen und sie auf den Jüngsten Tag vorzubereiten. Jones hatte den „Tempel des Volkes" in Kalifornien gegründet und bei vielen armen Angehörigen von ethnischen Minderheiten durch sein Versprechen an Beliebtheit gewonnen. Er predigte, daß es eine Welt geben werde, wo alle in Christus gleich sein würden. Jones war allerdings nie gläubig gewesen, sondern ein Verfechter des Marxismus, der jedoch erkannt hatte, daß er durch christlichen Fundamentalismus mehr Menschen gewinnen konnte. Er gründete Kirchen in San Francisco und Los Angeles und hatte die Aufmerksamkeit der Politik für seine Bemühungen um die Unterprivilegierten auf sich gezogen. Mit seiner charismatischen und energischen Persönlichkeit täuschte er viele einflußreiche Leute, darunter auch den damaligen Vizepräsidenten Walter Mondale, mit dessen Privatjet er einmal reiste.

Auf dem Höhepunkt seiner Beliebtheit war der „Tempel des Volkes" zweifellos erfolgreich und hatte mehrere tausend Anhänger – Presseberichte, die von mehr als 20.000 Mitgliedern berichten, sind vermutlich jedoch grob übertrieben. Die durchschnittliche Anhängerzahl betrug vermutlich rund 3.500. Jones war nicht zimperlich, wenn es darum ging, Ordnung und Loyalität unter seinen Schäfchen zu erhalten. Andere Meinungen oder der Wunsch, den „Tempel des Volkes" zu verlassen, wurden mit Bastonaden, Boxkämpfen bis zum K.O. und Arbeit bis zur Erschöpfung bestraft. Jones behauptete auch, über außergewöhnliche Heilkräfte zu verfügen. Vor den Augen seiner Anhängerschaft zog er Krebsgeschwülste aus den Körpern von Leidenden und wies sie in einem Taschentuch vor. Später stellte sich jedoch heraus, daß Hühnerinnereien dafür herhalten mußten.

Das Massaker von Jonestown, 19. November 1978.

Als er wegen finanzieller Unregelmäßigkeiten unter Anklage gestellt werden sollte und sein Stern in Kalifornien allmählich im Sinken begriffen war, investierte er Geld in 27.000 Morgen Steppen- und Dschungelgebiet in Kaituma, Guayana, das er Jonestown nannte. In der Hauptstadt etablierte er eine Zentrale.

Die 1.200 Anhänger, die ihm gefolgt waren, wurden in hübschen pastellfarbenen Hütten untergebracht, aber die Einschüchterung ging weiter. Wer nicht positiv dachte, wurde getreten und geschlagen. Zudem war der Dschungel um die Siedlung eine Todesfalle voller giftiger Schlangen und hungriger Raubtiere, hieß es, und der einzige Weg, Jonestown zu verlassen, führte über das Flugzeug, für das es ein Flugfeld gab.

DER MORD
•

Am 18. November 1978 besuchte der amerikanische Kongreßabgeordnete Leo Ryan in Begleitung von vier Journalisten Jonestown, um zu überprüfen, ob dort tatsächlich Amerika-

ner gegen ihren Willen festgehalten wurden. Die Lage spitzte sich innerhalb kürzester Zeit zu, und Ryan und die Journalisten wurden auf dem Flugfeld aus dem Hinterhalt erschossen. Am nächsten Tag flogen die guayanische Armee und weitere amerikanische Ermittler nach Jonestown und entdeckten mehr als 900 Leichen. Die wenigen Überlebenden berichteten, daß der Arzt und die Krankenschwester der Gemeinschaft Gift ausgeschenkt hatten und über Lautsprecher die Botschaft über die Würde und Schönheit des Todes und der Auferstehung verkündet wurde. Jones hatte Mütter dazu ermutigt, ihren Kindern das Gift zu verabreichen. Wer sich widersetzte oder zu fliehen versuchte, wurde mit vorgehaltener Waffe gezwungen, den Zyankalicocktail zu trinken, oder erschossen.

Die Offenlegung der Kultfinanzen zeigte, daß zwischen zehn und 15 Millionen Dollar auf Banken in der Schweiz, Panama und Rumänien lagen. Jones selbst hatte über ein persönliches Vermögen von über fünf Millionen Dollar verfügt.

DIE DAVIDIANER

Die „Davidianer" waren ein Ableger der „Adventisten des Siebenten Tages", die sich 1929 als „Davidianische Adventisten" formierten. Der Gründer war Victor Houteff, ein in die USA ausgewanderter Bulgare, der sich mit den Adventisten überwarf, nachdem er geklagt hatte, die halbe Million Anhänger seien selbstzufrieden geworden. Er war der Meinung, sie müßten auf die biblischen 144.000 Diener Gottes reduziert werden. Er behauptete auch, der „Prophet aus dem Osten" zu sein, der die Auswahl überwachen und die Diener Gottes nach Israel geleiten sollte. Dort würden sie den Jüngsten Tag erwarten, auf den der neue Himmel und die neue Erde folgen sollten. Der Name des Kultes leitet sich aus einem Zitat aus dem Buche des biblischen Propheten Zacharias und dem Glauben, daß das Reich Davids im syrischen Teil Palästinas wiedererstehen würde, ab. Houteff hatte die Fähigkeit, biblische Geschichten mit Menschen und Orten von heute in Beziehung zu setzen, was auch von seinem späteren Nachfolger David Koresh praktiziert wurde.

Im Frühjahr 1935 siedelte sich die Gemeinschaft auf 189 Morgen Land in der Nähe der texanischen Kleinstadt Waco an. Victor Houteff gab dem Land den Namen Mount Carmel und sah es als Basislager vor der geplanten Überfahrt nach Israel. Dort sammelte er seine 144.000 Gerechten um sich und bereitete sie dementsprechend vor. Nachdem er im Jahr 1955 gestorben war, verkaufte die Sekte unter der Führung seiner Witwe Florence das Land und zog auf ein größeres Anwesen in Elk, das neun Meilen östlich von Waco lag. Florence

> „Und ich sah noch einen Engel aufsteigen aus dem Osten mit dem Siegel des lebenden Gottes, und er rief mit lauter Stimme zu den vier Engeln, denen es gegeben war, über der Erde und dem Meer ihre Plagen auszugießen, und er sprach: ,Gießt nicht Eure Plagen über der Erde und dem Meer und den Bäumen aus, ehe wir nicht den Dienern unseres Gottes das Siegel auf die Stirne gedrückt haben. Und ich hörte die Zahl derer, denen das Siegel aufgedrückt wird, und es waren hundert und vierundvierzigtausend aus allen Stämmen und Kindern Israels.' "
> (OFFENBARUNG 7,2-4)

Houteff sagte den Anfang vom Ende der Welt für das Frühjahr 1959 voraus, dem Jahr, in dem bezeichnenderweise der Nachfolger David Koresh geboren wurde. Als sich die Apokalypse nicht einstellte, waren viele Mitglieder desillusioniert und verließen in Scharen die Sekte. Florence Houteff zog sich daraufhin zurück, und ein großer Teil des Anwesens in Elk wurde verkauft.

DER LETZTE BOTE
•

Im Jahr 1955 war wiederum ein neuer Anwärter auf das Amt des letzten Boten und Propheten aufgetaucht. Ben Roden und seine Frau Lois bauten in den sechziger und siebziger Jahren die „Davidianer" wieder auf. Im Jahre 1981, drei Jahre nach dem Tod von Ben Roden, kam der un-

David Koresh, Oberhaupt der Davidianer.

zufriedene Adventist Vernon Howell nach Mount Carmel. Er wurde williger Schüler der bereits an Jahren fortgeschrittenen Lois, die mittlerweile die Führung der Gemeinde übernommen hatte, und darüber hinaus ihr Geliebter. Daraus entspann sich eine Eifersuchtsfehde zwischen Vernon Howell und dem Sohn der Rodens, George, in deren Verlauf George in eine Heilanstalt eingewiesen wurde.

Als Lois 1986 starb, übernahm David Koresh – wie sich Howell nun nannte – die Sekte und führte sie bis zum verheerenden Zusammenstoß mit den Behörden im April 1993.

Er führte die Polygamie, die Gemeinschaftserziehung der Kinder, den gewaltsamen Widerstand gegen die Behörden und vor allem den Gedanken ein, daß er der Bote der letzten Nachricht Gottes und der Schlüssel zum Siebenten Siegel der Offenbarung war, mit dem die Gläubigen gekennzeichnet und vor dem Untergang gerettet würden.

ANGRIFF DER BEHÖRDEN
•

Nach Hinweisen, daß sich die Kultgemeinde im Besitz illegaler Schußwaffen befand, suchten die Bundesbehörden im Jahr 1993 nach einem Grund, um in das schwer bewaffnete Camp Mount Carmel zu gelangen. Stichtag war der 28. Februar 1993. Insgesamt versuchten 76 bewaffnete Beamte der Bundesbehörde für Alkohol, Schußwaffen und Tabak, den Komplex zu stürmen. Im folgenden Schußwechsel wurden vier Beamte und sechs Davidianer getötet, und es gab zahlreiche Verletzte auf beiden Seiten. Der Angriff wurde jedoch abgewehrt, und es folgte eine 51 Tage dauernde Belagerung, die den Medien einen Überfluß an Sensationsmaterial lieferte.

Der Brand auf dem Sektengelände in Waco, 19. April 1993.

DIE APOKALYPSE

Kurz nach Sonnenaufgang am 19. April 1993 wurde die Umzäunung des Geländes mit umgebauten M60-Panzern durchbrochen. Es wurden Löcher in die Mauern gerissen und Tränengas versprüht. David Koresh protestierte heftig, und einige Stunden später wurden bereits die ersten Rauchwolken im Hauptgebäude sichtbar, das die Kultführer in Brand gesetzt hatten. Vor den Augen von Millionen Fernsehzuschauern kamen in den Flammen und den dadurch entstandenen Explosionen 74 Kultanhänger um. Unter den Opfern waren auch David Koresh, seine Frauen und Kinder sowie seine rechte Hand Steve Schneider.

Neun Überlebende konnten von den Tagen vor der Katastrophe berichten, die allgemein als schlecht ausgeführte Aktion der Bundesbehörden verurteilt wurde. Der Kult der „Davidianer" hatte ein Ende gefunden. Ihre Apokalypse kam im Frühjahr 1993, weit entfernt vom Gelobten Land.

DER SONNENTEMPEL

Der Sonnentempel in Cheiry, Schweiz.

In den frühen achtziger Jahren wurde in Europa und Nordamerika der bizarre und unglückselige Kult des „Temple du Soleil" gegründet. Die Männer dahinter waren der belgische Arzt Luc Jouret und der gescheiterte französische Immobilienhändler Joseph di Mambro. Sie predigten zusammen eine Weltuntergangsbotschaft und warben vor allem in wohlhabenden oder einflußreichen Familien zu beiden Seiten des Atlantiks, vor allem in der Schweiz, in Kanada und in Frankreich, Mitglieder. Die Kultanhänger brachten ein beträchtliches Vermögen ein und investierten hohe Beträge in verschiedene Besitztümer. Jouret und di Mambro verwalteten gemeinsam Zellen mit mehr als 500 Mitgliedern, obwohl der Kult angeblich weltweit um die 3.000 Gefolgsleute hatte.

Jouret war 46 und di Mambro 70 Jahre alt, als sie beide durch einen schrecklichen Selbstmordpakt ums Leben kamen. Mit in den Tod nahmen sie 69 andere Menschen, darunter auch Kinder.

DER FÜHRER

•

Jouret wurde in Belgisch-Kongo geboren und diente als Fallschirmjäger in Zaire, wo er die Herstellung von Brandbomben mit Zündverzögerung lernte. Er studierte in Brüssel Medizin und begann, sich in zunehmendem Maß für Randgebiete der Medizin und fernöstliche Mystik zu interessieren. Nach einem Besuch bei einem indischen Guru schloß er sich in Frankreich einem Sonnenkult an. Nach einiger Zeit schied er dort aus und gründete seinen eigenen „Temple du Soleil", der angeblich von den mittelalterlichen Tempelrittern hergeleitet war. Er beschäftigte sich mit der bevorstehenden Apokalypse und dem Glauben, daß er und seine Anhänger durch Feuer gerettet werden konnten. Das führte dazu, daß er das Schicksal der „Templer" nachzuahmen suchte, die als Ketzer auf dem Scheiterhaufen gestorben waren (siehe S. 43). Jouret

übernahm Grundprinzipien aus dem Gedankengut der „Templer" und veränderte sie für seine Zwecke, indem er fernöstliche Mystik und verdrehtes römisch-katholisches Gedankengut hineinmengte.

Jouret behauptete, Zeitreisender zu sein, der die Gläubigen zu einem neuen Leben auf dem Planeten führen würde, der sich auf einer Umlaufbahn um den Sirius befand. Er war von der Idee der Erneuerung durch das Feuer und der Bedeutung der Wintersonnenwende besessen – jenem Tag, an dem der Sonnenwinkel auf der Nordhalbkugel am flachsten ist. Jouret muß ein bemerkenswert charismatischer Mensch gewesen sein, sonst hätten sich nicht so viele intelligente Menschen, auch nach außen hin ausgeglichene Geschäftsleute, Journalisten und Beamte, durch einen Ritterinitiationsritus mit Blitzlichtern, einem Schwert und einem Kelch täuschen lassen und ihrem Leben ein gewaltsames Ende gesetzt.

DER MASSENSELBSTMORD

•

Hinweisen zufolge erwog Jouret bereits im Frühjahr 1993 in Kanada einen Massenselbstmord, aber er mußte davon nach einer Festnahme wegen Verstoßes gegen das Waffengesetz Abstand nehmen. So kam es erst Ende September 1994 zu den sich überstürzenden Ereignissen, die zum Tod von mehr als 70 Menschen führten. Ein Ehepaar hatte versucht, die Sekte zu verlassen, und wurde mit seinem drei Monate alten Baby in Morin Heights bei Montreal ermordet. Nikki und Antonio Dutoit wurden durch mehrere Messerstiche getötet, das

Baby gepfählt. Antonio Dutoit war Joseph di Mambros Gärtner gewesen, und offenbar hatte die Namensgebung für den kleinen Jungen das Schicksal der Familie besiegelt. Di Mambro war gegen den Namen Emmanuel, da seine zwölfjährige Tochter Emmanuelle hieß, und er behauptete, sie sei durch Gott empfangen worden. Emmanuel Dutoit hingegen sei die Inkarnation des Antichristen und müsse vernichtet werden. Die Mörder Joel Egger und Dominique Bellaton verübten vier Tage später in der Schweiz Selbstmord, indem sie sich unter Drogen setzten und eine Brandbombe zündeten. Mehr oder weniger gleichzeitig starben auf einem Anwesen des Kultes in Cheiry in den Schweizer Alpen zwölf Frauen, zehn Männer und ein Kind nach einem letzten Glas Champagner durch Erschießen oder Drogeninjektionen. Die Leichen trugen weiße, rote, goldene und schwarze Gewänder und waren wie die Zacken eines Sternes mit den Füßen zur Mitte des Raumes aufgebahrt, wo eine Bombe explodieren sollte. Die Beweise blieben erhalten, weil die Bombe einen Defekt hatte.

Weiter im Süden, auf zwei benachbarten Grundstücken von Kultanhängern in Granges-sur-Salvan wurden 25 weitere, bis zur Unkenntlichkeit verbrannte Leichen aufgefunden. Dort waren die Benzinbomben detoniert. Die Leichen von Luc Jouret und Joseph di Mambro konnten anhand der Zahnschemata identifiziert werden. Die Schweizer und französischen Behörden wurden von einem Kultanhänger namens Patrick Vuarnet informiert, der das sogenannte „Vermächtnis des Sonnentempels" zur Post gegeben hatte, in dem das Reinigungsritual durch Feuer vor dem neuen spirituellen Leben auf dem Planeten in der Umlaufbahn des Sirius angekündigt wurde.

Opfer des Massenselbstmordes in Cheiry, 5. Oktober 1994.

Ein Jahr später, zwei Tage vor Weihnachten 1995, ereignete sich in einem Waldstück auf dem Vercors-Plateau in den Französischen Alpen bei Grenoble eine makabre Fortsetzung des Dramas. 16 verkohlte Leichen, in Form eines Sterns oder magischen Kreises mit den Füßen zueinander angeordnet, wurden entdeckt, nachdem die Polizei wegen eines möglichen neuen Massenselbstmordes alamiert worden war. Briefe, die jenem von Patrick Vuarnet im Vorjahr ähnelten, waren gefunden worden – wieder ging es um den Glauben des Kultes, daß es keinen Tod gebe und in der längsten Nacht des Jahres ein helles Licht scheinen werde. Alle, die am Vorabend der Wintersonnenwende umgekommen waren, hatte man unter Drogen gesetzt, erschossen, mit Benzin übergossen und verbrannt. Zu den Opfern gehörten Edith Vuarnet, die Frau eines ehemaligen französischen Skirennläufers, und ihr Sohn Patrick. In Zeitungsberichten wurde behauptet, zwei dem Kult angehörende französische Polizeibeamte, Jean-Pierre Lardanchet und Patrick Rostand, hätten die anderen erschossen und sie verbrannt, bevor sie sich selbst richteten.

DIE RAJNEESH-ANHÄNGER

Ende der sechziger Jahre, in einem Klima der sexuellen Freiheit, der Drogen und der alternativen Lebensformen, als die AIDS-Gefahr noch unbekannt war, machte sich der selbsternannte Guru Bhagwan Shree Rajneesh einen Namen. Seine unkonventionelle Philosophie zog viele junge Aussteiger aus dem Westen an, die auf der Suche nach Erfüllung ins Zentrum seiner Bewegung nach Bombay kamen. Angenehm für Rajneesh war das Geld, das er mit der ortsansässigen Bevölkerung nie hätte machen können – so konnten nach seiner Aussage nur die Reichen die wahre Spiritualität finden. Unter seinen Fittichen wurden die Jünger bald ihrer Brieftaschen ledig und erhielten dafür zahlreiche Vorträge und wallende rosa Gewänder. Sie wurden dazu angespornt, regelmäßig Mantras zu skandieren, Aufklärung zu finden, ihre Gewänder abzustreifen, nackt am Strand umherzutollen und mit so vielen Gleichgesinnten wie möglich sexuelle Beziehungen aufzunehmen. Der „Rajneesh-Kult" entstand also unter dem Titel eines Zentrums religiöser Meditation.

Als sich die ortsansässigen Bürger an der Unschicklichkeit zu stoßen begannen, übersiedelte der Kult nach Poona, wo er an einem „Ashram", einem Zufluchtsort, blühte. Der Ashram bestand aus einem Bungalow, umgeben von mehreren Morgen Land und war daher der ortsansässigen Bevölkerung entrückt.

Rajneesh setzte hier eine Mischung aus komplizierter Meditationstechnik, geschickter Rhetorik und der strengen Forderung nach uneingeschränkter Ergebenheit ein, um seine Jünger oder Sanyasin unter völliger Kontrolle zu halten. Er behauptete, daß die Mystik über allem stand und ihre Geheimnisse nur durch Meditation entschlüsselt werden konnten. Diese konnte auch die Form des Liebesaktes annehmen, obwohl Sex zu einem späteren Zeitpunkt für die Erreichung eines aufgeklärten Seinszustandes nicht mehr notwendig sein und durch Keuschheit ersetzt würde.

Bhagwan Rajneesh bei einer Verhandlung in Charlotte, North Carolina, 18. Oktober 1985.

Das Rajneesh-Begräbnis, 1990.

SEX, DROGEN UND MEDITATION BIS ZUR ERSCHÖPFUNG

•

Der Kult wurde mit massivem Drogenhandel in Verbindung gebracht. Die Jünger fungierten als Kuriere, sie transportierten illegale Ware nach Europa und kehrten mit Bargeld zurück, das die Kasse des Rajneesh klingeln ließ. Ein verdeckt gefilmter Dokumentarstreifen der BBC untermauerte diese Behauptungen. Er zeigte das Ausmaß des unmoralischen Treibens unter den Kultanhängern und führte dazu, daß die Sekte in die Vereinigten Staaten übersiedelte. In der Kleinstadt Antelope in Oregon wurde ein großes Wüstengrundstück mit dem Namen „Big Muddy Ranch" angekauft, die Kultanhänger schwärmten aus, unterwanderten den Stadtrat, übernahmen die Verwaltung und benannten die Ranch in „Rajneeshpuram" um. Unzählige Gebäude wurden ohne entsprechende Genehmigungen errichtet, und die einschreitenden Beamten wurdem immer wieder durch Brandsätze in ihren Büros eingeschüchtert.

Unterdessen lebte Rajneesh im Überfluß, während seine Jünger gezwungen waren, im krassen Gegensatz dazu im Schmutz zu existieren. Rajneesh hielt die Ordnung mittlerweile durch eine eigene Privatpolizei und ein striktes Tagesprogramm aufrecht, das jede Form von Individualität ausschalten und die Abhängigkeit vom Kult verstärken sollte. Die gesamte Außenwelt, die Familie, frühere Freunde und Berufe waren wertlos.

Rajneesh erfreute sich auch der sexuellen Gunst eines ständigen Zustroms neuer Anhängerinnen, wobei er auch nicht davor zurückschreckte, manchmal an der Grenze zur Vergewaltigung zu agieren. Er verbreitete weiter die Tugend eines ungehemmten Sexuallebens. Dazwischen ordnete er regelmäßige Meditationssitzungen bis zur Erschöpfung an, unterbrochen durch wilde Aktivität wie Treten, Schreien, Beißen und Prügeln zum Abbau aufgestauter Emotionen.

Ein Ermittlerteam der Bundesbehörden entdeckte in der Gemeinschaft Labors mit chemischen und biologischen Wirkstoffen und Überwachungsanlagen. Rajneesh wurde 1985 aus den USA ausgewiesen. Zu diesem Zeitpunkt hatte er bereits fast 600 Meditationszentren auf der ganzen Welt, deren Zahl heute stark zurückgegangen ist. Rajneesh starb 1990, als Todesursache wurde Vergiftung oder AIDS kolportiert. Seine Jünger kehrten nach Poona zurück und gehen dort weiterhin ihren Geschäften nach.

Die Anhänger des Rajneesh haben sich in „Osho" umbenannt und betreiben rund 20 Meditationszentren.

DER KULT HEUTE

Heute leitet die Sekte der kanadische Immobilienanleger Michael William O'Byrne, seinen Jüngern als Swami Prem Jayesh bekannt. Er macht 45 Millionen Dollar Jahresumsatz mit Antistreßprogrammen für leitende Angestellte. Zwei britische Staatsangehörige wurden 1995 in den USA wegen Verabredung zum Mord an einem Staatsanwalt zu fünf Jahren Haft verurteilt, weil dieser das Kultzentrum in Oregon näher unter die Lupe hatte nehmen wollen. Eine Buchhalterin aus Devon namens Sally-Anne Croft, mit Sektennamen Ma Prem Savita, und eine Aromatherapeutin aus Hertfordshire namens Susan Hagan alias Ma Anand Su hatten Schußwaffen finanziert und eine Killertruppe zusammengestellt, die Charles Turner umbringen sollte, weil er eine Schließung der Ranch plante. Die Frauen flohen nach England, wurden jedoch ausgeliefert und verurteilt.

DIE DUNKLEN MÄCHTE JAPANS

Japan ist eine Nation der Kulte geworden. Zumindest 180.000 Kulte sind registriert, von winzigen Organisationen mit wenigen hundert Mitgliedern bis zur größten, „Soka Gakkai", mit 10 Millionen Anhängern weltweit. Mindestens 17.000 bekennen sich zum religiösen Extremismus, und eine der kleinsten Gruppen, die „Aum Shinri Kyo-Sekte", erlangte durch den Giftgasanschlag auf die U-Bahn in Tokio am 20. März 1995 weltweit traurige Berühmtheit.

Im Gegensatz zu vielen anderen Sekten, deren Ziel es ist, durch eine radikale personenbezogene und abgehobene Lebensweise dem Weltuntergang zu entgehen, war „Aum" durch ihren Führer Shoko Asahara bestrebt, die Weltherrschaft zu übernehmen. Ihr Ziel war es, den Materialismus für die gesamte Menschheit einzudämmen und dadurch dem großen Vergeltungsschlag Gottes zu entgehen, der

laut der gottgleichen Voraussage des Führers im Jahr 1997 kommen sollte. Der 41jährige Shoko Asahara ist mit großer Wahrscheinlichkeit geistig labil, war jedoch dennoch in der Lage, sich den völligen Gehorsam seiner Anhänger zu sichern. Der Kult war für die Freisetzung des Nervengases Sarin im überfüllten U-Bahnsystem in Tokio verantwortlich, was zwölf unschuldigen Pendlern den Tod und viele tausend ins Krankenhaus brachte.

Die Bezeichnung „Aum" bedeutet „Höchste Wahrheit", die geschätzte Mitgliederzahl bewegt sich zwischen 3.000 und 10.000. Shoko Asaharas Aussehen prädestiniert ihn nicht gerade zur Führungspersönlichkeit. Er ist gedrungen, kurzsichtig, trägt einen dunklen Bart und langes Hippiehaar und ist immer in einen weißen Overall und Sportschuhe gekleidet. Für seine Gefolgsleute ist er „der Meister", eine Reinkarnation des Imhotep, der

den großen Pyramidenkomplex der Stufenmastaba von Sakkara baute und im 27. Jahrhundert v. Chr. lebte. Imhotep galt auch als Weiser und Schriftgelehrter; nach seinem Tod erlangte er als Sohn des Schöpfergottes Ptah mit Kultzentren in Sakkara und Memphis nahezu mythischen Status und wurde als „Großer Heiler" verehrt. Sein Kult bestand bis in die Römerzeit, es ist jedoch nicht klar, weshalb ihn Asahara als Idol wählte.

Vor der Gründung der „Aum-Sekte" war Shoko Asaharas Laufbahn bunt, aber ohne besondere Höhepunkte verlaufen. Zunächst war er Akupunkteur, dann gründete er die kurzlebige „Vereinigung des Himmlischen Segens". Als sich diese 1982 auflöste, gründete er nach einer Verurteilung wegen Kurpfuscherei die ebenso obskure Göttliche „Aum-Zaubergesellschaft". Auch diese blieb nicht bestehen. Der „Aum Shinri Kyo-Kult" entstand 1988 und verlangte von seinen Anhängern, vor allem jungen Leuten, daß sie den Großteil ihrer weltlichen Besitztümer der Sekte übergaben, damit sie gerettet werden konnten. Sie wurden im Gegenzug nicht besonders subtilen Formen der Gehirnwäsche unterzogen, die mit Elektroschocks aus verdrahteten Kopfbedeckungen und Batterien am Gürtel funktionierten. Darüber hinaus gab es noch andere Methoden wie die Abschottung von allen Sinneseindrücken, Drogen und Hungerkuren.

Die japanische Polizei hatte die Aktivitäten Asaharas schon einige Jahre observiert, jedoch vor dem Anschlag auf die U-Bahn keinerlei Beweise gegen ihn gehabt. Nach dem Zwischenfall wurde er festgenommen. Der Kult soll jedoch auch ohne ihn aktiv sein.

Aummitglied beim Tanz.

Reinigungsarbeiten nach dem Sarin-Attentat in Tokio, 20. März 1995.

Der Prozeß gegen Shoko Asahara, der im Frühjahr 1996 begann, löste in Japan ungeheures öffentliches Interesse aus und wird mit der gleichen Begeisterung verfolgt wie der Prozeß gegen O. J. Simpson in den USA.

SOKA GAKKAI

•

Die „Soka Gakkai-Sekte" steht weniger stark im Rampenlicht als der „Aum Shinri Kyo-Kult", gilt aber bei vielen als eine noch stärkere, langfristige Bedrohung der japanischen Gesellschaft. „Soka Gakkai" wurde 1930 als Laienkongregation einer buddhistischen Sekte, „Nichiren Shoshu", ge-

gründet und ist heute Japans größter religiöser Kult. In den frühen sechziger Jahren zog er die Aufmerksamkeit der Presse auf sich, nachdem er einen neuen Führer gewählt hatte. Daisaku war entschlossen, der Sekte durch weitreichende Mitgliederwerbung eine Machtposition zu verschaffen. Er übernahm in der Folge völlig die Kontrolle, ließ Ikonen mit seinen Gesichtszügen anfertigen und wies seine Jünger an, auf ihren weltlichen Besitz zu verzichten und der Sekte große Spenden zukommen zu lassen. Angeblich wurde nur ein Teil des Reichtums, den die Sekte anhäufte, an die Kultur- und Wohlfahrts-

institutionen sowie die Friedensbewegung weitergegeben, die sie zu unterstützen vorgibt.

Bisher war sie von Erhebungen der Kriminalpolizei und der Steuerfahndung ausgenommen, da das japanische Recht Religionsgemeinschaften Immunität gewährt. Der Sekte wird vorgeworfen, seit langem im geheimen die Regierung zu unterwandern und die politische Machtübernahme zu planen. Ihr politischer Flügel, die Erneuerungspartei, hat 63 Abgeordnete im Parlament und ist in der Hauptoppositionspartei, der Fortschrittspartei, mit der sie 1994 verschmolz, das Zünglein an der Waage.

DIE PATRIOTEN

Leiche nach dem Doppelselbstmord im Caswell Gun Club, Meja, Arizona, 21. Februar 1996.

> „Ich erkläre Euch,
> daß die friedliebenden Bürger
> dieser Nation ein Recht
> haben, mit allen
> erforderlichen Maßnahmen,
> auch der Anwendung
> von Gewalt,
> den Feind aufzuspüren,
> seinen Angriff abzuwehren
> und ihn zu vernichten…
> Ihr müßt bereit sein,
> für Euer gottgegebenes Recht
> auf Freiheit zu kämpfen und
> vielleicht auch zu sterben."
>
> (WILLIAM COOPER)

Der 21. Februar 1996 begann auf dem Caswell-Schießstand in Mesa, Arizona, wie jeder andere Tag. Die übliche Mischung aus sicherheitsbewußten Bürgern und Waffennarren stand da und feuerte auf die Zielscheiben. Alles war wie immer, bis zwei der Schützen, ein junges Paar aus Großbritannien auf einer Mietwagenreise durch die USA, sich einander zuwandten, sich die Waffen gegenseitig in den Mund steckten, stumm zählten und einander erschossen. Wenige Stunden später und 1.000 Meilen weit weg steckte im kalifornischen Redding eine dritte Britin einen Schlauch in den Auspuff ihres Mietwagens, schloß die Fenster und

schoß sich in den Kopf, während sich das Wageninnere mit dem tödlichen Kohlenmonoxid füllte.

DIE MILIZ

•

Einige Tage später verbreitete sich das unbestätigte Gerücht, daß sich Stephen Bateman, Ruth Fleming und Jane Greenhow, alle drei Absolventen britischer Universitäten, in Amerika der rechtsextremen „Militia-Bewegung" anschließen wollten. Sie waren in eine Art Militäruniform gekleidet, als sie starben, und zu den Spekulationen um ihren Tod trug eine Notiz bei, die auf eine Arztvisitenkarte gekritzelt im Hotelzimmer von Bateman und Fleming gefunden wurde. Neben dem Neonazi-Dienstgrad „Obergruppenführer Staatspolizei" standen da die Worte „ewige Agonie Hölle".

Die „Miliz", einer der neuesten und finstersten Millenariumskulte, ist auch einer, der am schwersten aufzuspüren ist. Er hat kein Zentrum und steht nicht im Telefonbuch. Im Mai 1995 legte ein Mitglied das Bundesgebäude in Oklahoma City in Trümmer. Die Ursache für diese Greueltat ist schwer zu ergründen, denn die Logik der „Miliz" baut darauf auf, daß die Regierung Clinton, die Verfechter einer Einschränkung des privaten Waffenbesitzes, chemischer Kriegsführung, von Genmutationen, der Existenz von UFOs und geheimen Militärbasen in Nordamerika, Teil der Verschwörung zur Umwandlung der souveränen USA in einen Orwellschen Alptraumstaat sind. Die Bombe von Oklahoma City explodierte am zweiten Jahrestag des Massakers von Waco, in dem David Koresh und viele seiner „Davidianer" nach der Belagerung durch Bundesbeamte in einem selbstgelegten Brand umkamen. Die Aktion wurde wegen des Verdachtes, daß auf dem Davidianer-Gelände illegale Waffen versteckt waren, eingeleitet. Der Bombenanschlag von Oklahoma City, so hieß es, sei ein Vergeltungsschlag gegen die Bundesbehörden gewesen.

DAS PANIK-PROJEKT

•

Als Antwort auf die angebliche Bedrohung des *american way of life* entstanden zahlreiche paramilitärische Organisationen, die mit dem Sammelbegriff „Miliz" oder „unorganisierte Miliz" bezeichnet wurden.

Ihre derzeitige Sprecherin ist die Rechtsanwältin Linda Thompson aus Indianapolis. Diese Gruppen sind eigentlich eine Art lokaler uniformierter Schützenvereine, sie haben keine zentrale Hierarchie, sondern sind durch gemeinsame Ziele und Ängste über das Internet und Kurzwellensender verbunden.

Ein typisches Beispiel dafür ist „Radio Free World", das von Anthony J. Hilder betrieben wird. Für den in Beverly Hills ansässigen, eher unbekannten Filmregisseur ist Hollywood Teil der Regierungsverschwörung, die die Bevölkerung durch unterschwellige Propaganda in Filmen wie „Unheimliche Begegnung der Dritten Art" täuschen will.

Die meisten Radiosender verbreiten rechtsextreme politische Ansichten und behaupten, die Regierung Clinton sei gegen die Prinzipien der Freiheit. Sie verweisen auf geheime Militärbasen wie „Area 51" in der Wüste von Nevada. Offiziell existiert sie nicht, aber laut verleumderischen Behauptungen wird dort eine neue Generation von Superwaffen entwickelt. Diese würden als UFOs erklärt, und man probe dort und an anderen Orten Szenarien für eine vorgetäuschte

Die paramilitärische Miliz von Michigan.

Invasion von Außerirdischen auf der Erde. Bei der Bekämpfung dieser angeblichen Bedrohung – dem sogenannten Panik-Projekt – rufen die Milizen zur rücksichtslosen Gewaltanwendung auf.

„Erschießt die Hundesöhne!" ist jene Aussage, die sich der Milizionär Timothy McVeigh bei seinem Bombenanschlag auf das Bundesgebäude in Oklahoma City, für den er verurteilt wurde, zu Herzen genommen haben dürfte.

Eine der Gruppierungen, die im Zentrum der Anfeindung steht, ist eine Verbindung sehr einflußreicher Leute, der sogenannten „Illuminati". Für die Milizen gelten die „Illuminati" als Splittergruppe führender Freimaurer.

DEN SATAN VERNICHTEN

Die Einschränkung des Waffenbesitzrechtes ist ein Reizthema für die „Milizen", da sie darin einen Angriff der Verschwörer auf die verletzlichsten Stellen der amerikanischen Gesellschaft sehen. Sie verlangen das Recht, sich Arsenale anzulegen, um ihre Zukunft zu sichern, und sind überzeugt, daß der nächste US-Präsident „einer der Ihren" sein wird. Zu den prominentesten Kandidaten für das Präsidentenamt gehört der Führer der Miliz von St. Johns in Arizona, der ehemalige Angehörige der Kriegsmarine William Cooper. Er ist Herausgeber der Zeitschrift „Veritas" und hat ein Handbuch über die vermeintliche Auflösung der USA geschrieben, dessen Titel auf die Apokalypse anspielt. Er bietet eine Mischung aus hausgemachter Selbstgerechtheit von Gottes Gnaden, gegen Katholiken, Juden und die Presse gerichtete Warnungen vor dem Weltuntergang, indem er die neue Weltordnung – mit den hochrangigen Protagonisten Papst Johannes Paul II. und George Bush – verurteilt, weil sie eine Bedrohung für das nächste Jahrtausend ist. Er behauptet, im Jahr 2000 werden sich die geheimen Kammern der Pyramide von Gizeh öffnen und ihre Geheimnisse offenbaren, Satan wird ausfahren, und nur die amerikanischen Milizen werden da sein, um ihn aufzuhalten und zu vernichten.

DIE NEUN-UHR-MESSE

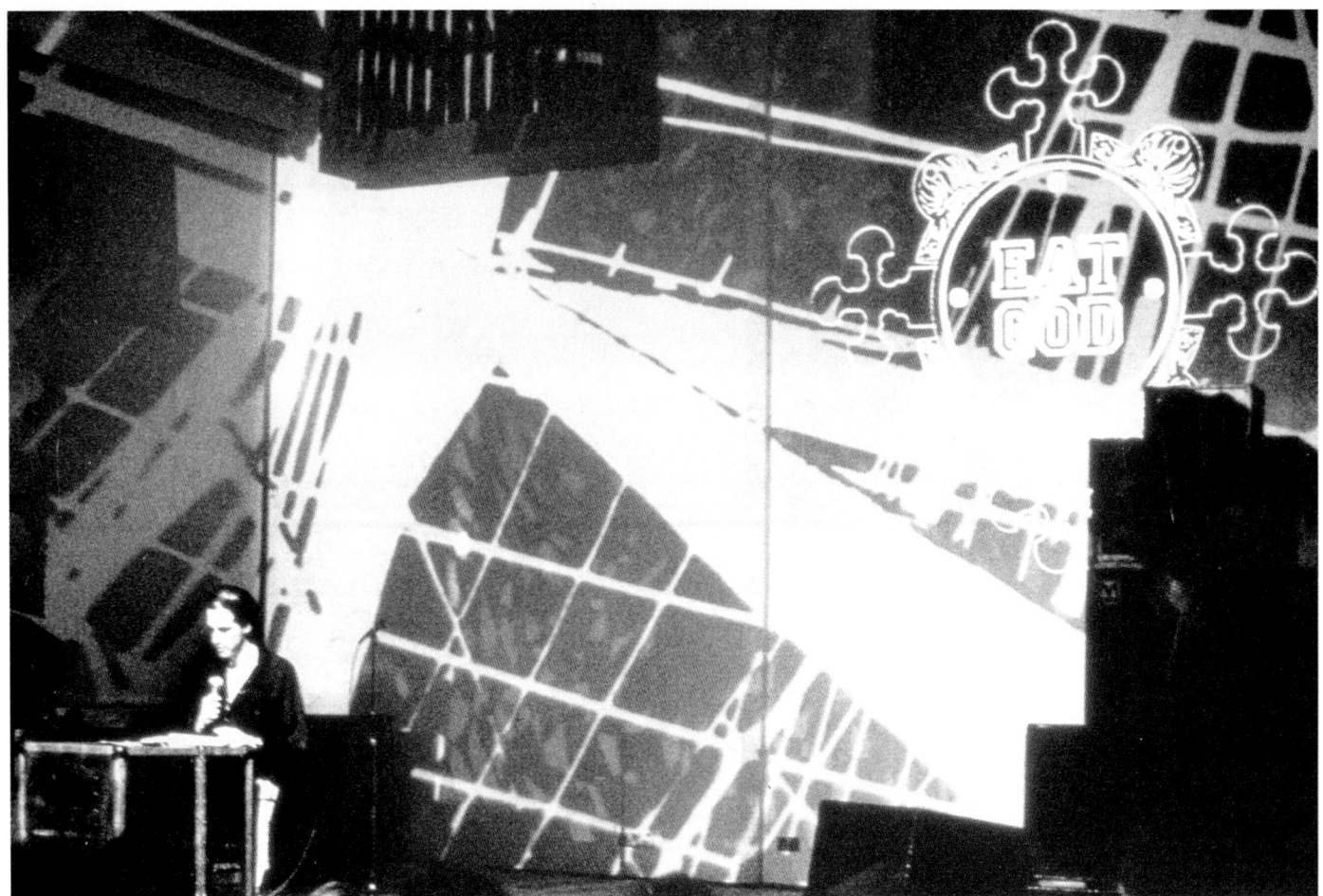

Nach außen hin stand das Phänomen Christopher Brain, Prediger aus Sheffield, mit seiner modernen „Neun-Uhr-Messe" einige Jahre lang im Rampenlicht. Seine weniger offensichtlichen Aktivitäten waren allerdings nicht vielen bekannt. Die „Neun-Uhr-Messe" war eine Revolution im Christentum und galt bei vielen Geistlichen als Fortschritt und als Möglichkeit, die jungen Menschen wieder für die Kirche zu begeistern. Christliche Gedanken, mit fesselnden Worten verbreitet, Musik und auf Großbildschirme projizierte Bilder – alles war so ansprechend wie ein Clubbing.

Niemand zweifelte daran, daß Christopher Brain äußerst erfolgreich Menschen ansprach und zu seiner „Neun-Uhr-Messe" bekehrte, die mit traditionellen Gottesdiensten nichts anfangen konnten. Das Experiment war sogar so erfolgreich, daß die Bewegung der „Neun-Uhr-Messe" ein großes Konferenz- und Freizeitzentrum in Sheffield übernehmen konnte, um dort Gottesdienste zu feiern.

DIE IDEE
ZUR MESSE

•

Die „Neun-Uhr-Messe" wurde erstmals in der anglikanischen Kirche St. Thomas abgehalten, die eine Tradition in der Verbreitung des Evangeliums hatte und deren Vikar Robert Warren den Idealen von Christopher Brain und seinem direkten Umfeld gegenüber aufgeschlossen war. Brain wollte eine politische Botschaft vermitteln. Er war gegen den bürgerlichen Kirchgang als Lebensform und bekannte sich selbst zum einfachen Leben, zur gemeinsamen Kasse und zum Prinzip „Handeln statt Denken". Im Jahre 1985 erhielt Warren Besuch von dem amerikanischen Prediger John Winber – der später die „Toronto Blessing-Bewegung" gründete – und ließ sich davon überzeugen, daß seine Kirche junge Kirchgänger brauchte. Brain sollte seine Rock-Messe abhalten. Die beste Zeit dafür war Sonntagabend um neun Uhr, nach dem konventionellen Abendgottesdienst.

Der Stil der Messe war an die bei der Jugend beliebten Raves angelehnt.

Anfangs kamen etwa 50 junge Leute zur „Neun-Uhr-Messe", die Gemeinde wuchs aber schnell auf 200 bis 300 und zuletzt auf bis zu 600. Die Anhänger wurden zu Geld- und Sachspenden aufgefordert und sollten beträchtliche Zeit für Gott aufwenden. Die Messe fand in der verdunkelten Kirche statt, Bilder wurden auf Großbildschirme und Wände projiziert, und vor dem Gottesdienst wurde Popmusik gespielt. Die Messe galt als aufregend und witzig. Sie zog viele junge Leute an, die sonst nicht zur Messe gingen, und wurde vom Bischof von Sheffield, David Lunn, begeistert unterstützt. Im Jahr 1990 zelebrierte er selbst eine der größten Konfirmationsfeiern in der Diözese mit mehr als 100 Konfirmanden.

In den nächsten Monaten kultivierte Brain nicht nur Freundschaften mit einigen jungen Mädchen aus der Gemeinde, sondern unterhielt mit ihnen auch nicht angebrachte Beziehungen. Darüber hinaus wich er in der „Neun-Uhr-Messe" immer mehr von seinen ursprünglichen Zielsetzungen und Aussagen ab. Hohe Geistliche, die nach Sheffield kamen, behaupteten, daß Brain sich zum Endzeitpropheten entwickelt hatte. Er nutzte seinen Status zu einem immer autokratischeren Führungsstil.

ERSTE ANZEICHEN

•

Im Jahr 1992 wagte erstmals ein Mädchen aus der Gemeinde, sich öffentlich gegen Brain und die Führung seiner Bewegung auszusprechen; sie brachte dem Bischof von Sheffield ihre Bedenken vor und beschrieb die Ungerechtigkeiten, die sie in der Organisation sah. Ihre Bitten trafen auf taube Ohren. Der Bischof nahm sie ihrer Meinung nach nicht ernst, und als ihr Verhalten in der Bewegung bekannt wurde, wurde sie ausgeschlossen. Die Medienmaschinerie der „Neun-Uhr-Messe" stellte ihre Behauptungen unter Berufung auf einen in Kulten gern gebrauchten Grund, nämlich die Geisteskrankheit, als Unsinn dar.

Trotz dieses ersten Anzeichens von Unruhe wurde die „Neun-Uhr-Messe" so beliebt, daß sie den Rahmen von St. Thomas sprengte und in ein großes, modernes Konferenzzentrum in Sheffield umzog. Der Archidiakon von Sheffield beteiligte sich immer mehr an den Aktivitäten und verlieh der Bewegung damit in der Öffentlichkeit ein gewisses Ansehen. Zu diesem Zeitpunkt waren die Botschaften der „Neun-Uhr-Messe" bereits nicht mehr fundamentalistisch, sondern eher um Umweltanliegen bemüht. Brain

---

Clair Wallace, Opfer von Brains Avancen.

hatte dem Gottesdienst als „Planetarische Messe" einen neuen Schwerpunkt gegeben.

DIE GEMEINDE LEHNT SICH AUF

•

Im August 1995 fanden enttäuschte Mitglieder der Gemeinde den Mut, ihre Besorgnis während einer vorübergehenden Abwesenheit von Brain an die Öffentlichkeit zu tragen. Zuerst berichtete die Presse und dann eine Fernsehsendung aus der Serie „Everyman" (Jedermann) ungeschminkt über die Verderbtheit und den Mißbrauch, der sich hinter den Kulissen der „Neun-Uhr-Messe" abspielte. Während der Sendung wurden mehrere Frauen interviewt, die sexuell kompromittiert worden waren und von ihrer Enttäuschung über Brain und vom Schaden sprachen, den ihr Leben durch ihn genommen hatte.

Eine junge Frau aus der Gemeinde, Sara, sagte im BBC-Interview: „Er sprach immer davon, daß wir dabei waren, eine postmoderne Definition der Sexualität in der Kirche zu finden. Die Worte verschleiern aber nur, was wirklich passiert ist. Ein Typ hatte seinen Spaß mit 40 Frauen."

Die anglikanische Kirche rüstete sich allmählich für das Kreuzfeuer der Kritik, in das sie aufgrund dieses „Christus-Sexskandals" des Jahrzehnts geraten sollte. Man warf ihr vor, in der Ausübung ihrer Pflicht zum Schutz der Pfarrgemeinde versagt zu haben. Die "Neun-Uhr-Messe" brachte die anglikanische Kirche in große Verlegenheit – sie mußte zugeben, daß sie bei der anfänglichen Unterstützung und Förderung von deren Zielen einer krassen Fehleinschätzung erlegen war.

SCIENTOLOGY

Die „Scientology-Kirche" ist mit derzeit angeblich sieben Millionen Mitgliedern weltweit eine der größten, reichsten und einflußreichsten Sekten. Ihr Gründer Lafayette Ronald Hubbard soll einige Jahre vor ihrer Entstehung gesagt haben, die beste Art, Geld zu machen, sei eine Religionsgründung.

INTERGALAKTISCHE WESEN

•

Hubbard hatte keine anerkannte Theologieausbildung und war ehemaliger Science-fiction-Autor. Er gründete die „Scientology-Kirche" 1953 aus früheren Projekten, darunter den „Hubbard Dianetik- und Forschungsstiftungen" und seiner selbst-gezimmerten Wissenschaftstheorie „Scientology". Die Scientology-Kirche predigt ein seltsames Sammelsurium aus Science-fiction, Physik und Religion. Man lernt dort, daß unser Körper Milliarden Jahre alten intergalaktischen Wesen, den sogenannten Theta-Wesen oder Thetanern, als Vehikel dient. Diese sind sehr stark, sie leiden aber unter dem Einfluß von Engrammen, die ebenso von fernen interstellaren Kriegen herrühren können wie rivalisierenden Thetanern. Engramm-„Implantationen" führen geistig und körperlich zu Krankheit und Behinderung. Identifizieren lassen sich solche Engramme mit dem

*Scientology-Anhänger
im Landhaus Saint Hill, Sussex.*

„Hubbard-Elektropsychosemesser", auch E-Messer genannt, und ihre Auswirkungen können neutralisiert werden durch ein „Auditing", eine Mischung aus Psychotherapie und Beichte.

DIE MUTTERKIRCHE

•

Das Kultzentrum wurde in Los Angeles 1954 als „Church of Scientology" of California etabliert, die eigentliche Gründung erfolgte 1953 in New Jersey. Im Jahr 1959 wurde bei East Grinstead, Sussex, ein Gutshof mit großem Landbesitz als spätere britische Scientology-Basis gekauft. Andere Zentren folgten in Form eines Franchisesystems gegen Zahlungen an die Mutterkirche. Später wurden alle

wichtigen Zentren nach dem britischen Gut Saint Hill genannt.

DER KULT VOR GERICHT
•

Anfang der siebziger Jahre unterwanderten Scientology-Mitglieder die US-Finanzbehörden und stellten fest, daß die Steuerfahndung großangelegte Ermittlungen in Kalifornien plante.

In einer verdeckten Aktion wurden dort zahlreiche Dokumente des US Inland Revenue Service gestohlen, worauf das FBI 1977 mit Razzien in Scientology-Büros zurückschlug. In der Folge wurden elf Sektenanhänger festgenommen und zu Haftstrafen verurteilt. Die Steuerermittlungen sollten dennoch nicht weniger als 14 Jahre dauern, während derer sich die Scientologen durch geschickte Argumentation immer wieder aus der Affäre ziehen konnten.

Etwa fünf Jahre vor Hubbards Tod, im Jahre 1981, ließ sein designierter Nachfolger und treuer „Bote", David Miscavige, eine radikale Säuberungsaktion durchführen und Mitglieder ausschließen, die ihm nicht zu Gesicht standen. Einige enttäuschte ehemalige

Die Zentrale der Scientology-Bewegung in Los Angeles.

Scientology-Anhänger reagierten scharf, besonders Jon Atack, dessen Buch „A Piece of Blue Sky" den Kult verdammte. Auch hier kam es zu einem Prozeß, in dem erfolglos versucht wurde, das Erscheinen des Buches zu verhindern. Ein anderes prominentes Ex-Mitglied, der Sektenkritiker Larry Wollersheim, klagte die Scientologen im November 1985

in Los Angeles in einem Marathonprozeß an.

Das kontroverseste Urteil der letzten Jahre war jenes, in dem die Scientologen in ihrem Streit mit der Finanzbehörde Recht behielten. Es war der längste Prozeß in der Geschichte der Steuerfahndung und endete 1993 vor den US-Gerichten mit einem positiven Urteil für die Scientology-Kirche.

Laut offizieller Scientology-Information wurden bis heute mehr als 16 Millionen Exemplare des „Dianetik"-Buches verkauft; der berühmte Hubbard E-Messer (in der neuesten Mark Super 8-Version) wird für eine Summe von DM 5.500,- angeboten.

Die Scientology-Zentrale befindet sich nach wie vor in Los Angeles. Überall tragen die Vollzeitbeschäftigten der Bewegung zu Ehren von Hubbards umstrittener Kriegsvergangenheit blaue Uniformen im Stil der US-Marine. Zuletzt gab es eine riesige Werbekampagne, bei der in London, New York, Rußland, Tokio und Mexiko elektronische Spruchbänder aufleuchteten, die angeblich von 30 Millionen Menschen gesehen wurden.

Die Kontrolle über alles liegt fest in der Hand von David Miscavige, der sich wie Hubbard zurückgezogen hat und Gerüchten zufolge ständig von einer Gruppe professioneller, bewaffneter Leibwächter umgeben ist. Wie Hubbard trägt Miscavige den selbstverliehenen Rang eines Captain oder Commodore.

Die Gegendarstellungen, Rechtsstreitigkeiten und Stellungnahmen gehen weiter. Der Wollersheim-Prozeß geht nun in das elfte Jahr, und laut Schätzungen wurden bisher in etwa 1.500 außergerichtliche Verhandlungen geführt. Die Scientology-Kirche zeichnet sich derzeit als jene Sekte aus, die die Gerichte am meisten in Anspruch nimmt.

SEA ORG

Nach dem Ankauf von drei Ozeanschiffen unterschiedlichen Erhaltungszustandes gründete Hubbard als ehemaliger Angehöriger der Kriegsmarine „Sea Org", einen Ableger der „Scientology-Bewegung", wobei er sich den Rang eines Commodore verlieh.

Damit versuchte er, den wachsenden Problemen an Land zu entgehen. Mit seinen Mannschaften bereiste er die Welt und blieb so lange

wie möglich in einem Hafen, bis er den örtlichen Behörden allmählich auffiel. Sein innerer Kreis, die „Boten des Commodore" genannt, stand Hubbard rund um die Uhr zur Verfügung.

An Bord herrschten harte, ja sogar brutale Bedingungen für die gesamte Mannschaft. Kinder und Erwachsene mußten mit drakonischen Strafen für illoyales Verhalten rechnen.

DIE MOON-SEKTE

Massenhochzeit von „Moonies",
Seoul, 25. August 1995.

Wer 1992 die Medienbericht-erstattung verfolgte, wird sich sicherlich an die Fotos erinnern, die von der Massenhochzeit von dreißigtausend Paaren im Olympiastadion von Seoul um die Welt gingen. Damit kam Sung Myung Moon ins Guinness-Buch der Rekorde. Der selbsternannte Reverend Moon gründete seine religiöse Partner-vermittlungsagentur, die eigentlich „Vereinigungskirche" heißt, im Jahr 1954 in Korea. Reverend Moon glaubte, eine Botschaft von Gott er-halten zu haben, laut der er die

Arbeit Christi zu Ende führen sollte. Er schrieb deshalb seine eigene Bibel, „Das göttliche Prinzip", das sei-ne Jünger weltweit anleiten und in-spirieren sollte.

Der Kult der Moonies unterschei-det sich von anderen durch seine Ein-fachheit und zieht auch keine Auf-merksamkeit durch auffallende Klei-dung auf sich, wie etwa bei den Hare-Krishna-Jüngern. Aufputschmittel wie Alkohol und Zigaretten sind verboten,

ebenso vorehelicher Sex. Die meisten „Moonies" stammen aus Japan, es gibt aber auch durchaus zahlreiche Mit-gliederscharen in den USA, England und anderen europäischen Ländern. Die erste US-Niederlassung wurde im Jahr 1959 gegründet. 1972 beschloß Moon, seine gesamte Operationsbasis in den Bundesstaat New York zu ver-legen. Ende der achtziger Jahre ex-pandierte er nach China, und im Jahr 1990 brachte er es sogar zustande, Prä-sident Gorbatschow zu überreden, den „Moonies" die Mitgliederwerbung in Rußland zu gestatten.

Moon verhehlte nicht, daß Geld für ihn der Schlüssel zur religiösen Macht war, sein Kult ist eindeutig auf die Beherrschung der Welt ausgerichtet. Er erwies sich als geschickt im Erwirtschaften großer Beträge aus Mitgliederspenden und Straßenverkauf. In den zehn Jahren, von 1975 bis 1985, erhielt die „Vereinigungskirche" allein aus japanischen Quellen Geld in der Größenordnung von immerhin 746 Millionen Dollar.

Ein durchaus beunruhigender Aspekt der „Moon-Sekte" sind die verschiedenen Vorwände, unter denen Geld gesammelt wird. Zahlreiche Organisationen dienen als Fassade und lassen aus ihren Namen nicht erkennen, daß eigentlich die „Moon-Sekte" dahintersteht. Allein in Großbritannien soll es von ihnen mehr als 50 solcher Gesellschaften mit den verschiedensten unauffälligen Bezeichnungen geben. Die Verschleierung des endgültigen Bestimmungsortes der Gelder ist den Mitgliedern erlaubt, auch wenn sie die Spender zu diesem Zweck anlügen müssen.

Zu den bekannteren Scheinorganisationen in den USA gehören CAUSA („Confederation of Associations for the Unity of Societies in America") und CARP („Collegiate Association for Research Principles"), die auf Spendenfang gehen, ohne den Spendern zu erklären, daß sie der Vereinigungskirche angehören.

Der Status der Sekte als gemeinnützige Organisation war zumindest einmal, im Jahre 1988, ernsthaft bedroht. Damals wurden beträchtliche Mittel für Werbung und Öffentlichkeitsarbeit in Fernsehen und Presse sowie für Anwaltskosten in diversen Verfahren ausgegeben. Nach einer erfolglosen Verleumdungsklage gegen die „Daily Mail" 1981 mußten die

DAS LEBEN DER „MOONIES"

Der „Moon-Sekte" beizutreten, bedeutet für den einzelnen den absoluten Verzicht auf praktisch jede Eigenverantwortung. Die Mitglieder ziehen sich meist in die Weltabgeschiedenheit in einer der vielen Kommunen zurück. Dort nimmt ihnen Reverend Moon alle zu treffenden Entscheidungen ab – sogar die Wahl des Ehepartners.

Das Leben ist hart, mit langer Arbeitszeit und einfacher Kost. Wie bei allen vergleichbaren Kulten werden die Mitglieder vom Kontakt mit der Außenwelt abgehalten. Reverend Moon und seine Frau fungieren als Vater und Mutter der Sekte, die Anhänger gelten als Brüder und Schwestern. Die Sektenmitglieder erhalten von Moon die Genehmigung zur Ehe mit anderen Anhängern erst nach sieben Jahren Mitgliedschaft. Während dieser Zeit erwartet man von ihnen Keuschheit, Männer und Frauen schlafen in getrennten Schlafsälen. Paare werden von ihm offenbar mehr oder weniger nach Gutdünken zusammengeführt. Manche kennen einander nur von Fotos und sprechen oft nicht einmal dieselbe Sprache.

Die Vereinigungskirche hat derzeit zwischen zwei und drei Millionen meist jugendliche Anhänger auf der ganzen Welt.

„Moonies" die Gerichtskosten und Schadenersatz in Höhe von 750.000 Pfund bezahlen, damals eine noch nie dagewesene Summe. Als Reverend Moon 1982 wegen Steuerhinterziehung angeklagt wurde, steckte die Organisation fünf Millionen Dollar in eine großangelegte PR-Kampagne, um sein angeschlagenes Image wieder aufzupolieren.

Die englische Zentrale der „Moon-Sekte", Chislehurst, Kent.

DER WEG AUS DER SEKTE

Obwohl das Phänomen der in der Nachkriegszeit entstandenen Kulte seit den fünfziger Jahren existiert, begannen besorgte Eltern und Verwandte erst nach dem Massenselbstmord in Jonestown im Jahr 1978, Beratung und Hilfe für jene zu suchen, die sich aus den Fängen von Sekten befreien wollten.

Eines der Hauptziele vieler Kulte ist und bleibt es, den Anhängern jedes Gefühl für Eigenständigkeit zu nehmen und eine physische und psychische Kluft zwischen ihnen und der Außenwelt aufzubauen. Auf irgendeine Weise wird von sämtlichen Organisationen Gehirnwäsche oder Einschüchterung eingesetzt. Eine Sekte verlassen oder sich gegen sie aussprechen zu wollen, bedeutet nicht nur Exkommunikation und damit Verdammnis vor den Augen Gottes, sondern auch das Risiko von Mißhandlungen aller Art. Im extremsten Fall kann dies bis zum Mord am früheren Sektenmitglied gehen, psychischer Druck ist jedoch am häufigsten verbreitet. Beispielsweise wurde in einem aktuellen, typischen Fall ein Sarg mit dem Namen der betroffenen Person vor deren Haus auf und ab getragen. Oft folgen dem Austritt aus einer Sekte Jahre des Terrors von seiten anderer Sektenmitglieder; diese Zeit kann den einzelnen und ihren Familien ungeheuren Schaden zufügen.

Viele Kultanhänger fühlen sich von der Außenwelt abgeschnitten.

Schätzungen zufolge sind oder waren mehr als eine Million Amerikaner Anhänger einer Sekte.

Bis in die frühen siebziger Jahre war wenig vom Leben innerhalb der Sekten oder von Auswirkungen auf die zumeist jungen Anhänger bekannt. Es gab auch keine Mittel für jene, die Hilfe bei der Rückkehr ins normale Leben brauchten. Wer davonkam, galt bei seinen früheren Bezugspersonen als psychisch verändert und wirkte oft wie ein programmierter Roboter.

KULTKILLER

•

Die Bezeichnung „Kultkiller" klingt griffig, hat aber wenig Bedeutung. Familien, die Angehörige aus den Fängen von Sekten befreien wollten, waren in der Vergangenheit auf sich selbst gestellt. Sie mußten sich die Methoden, mit denen sie den Sektenopfern bei der Rückkehr ins Familien- und Alltagsleben helfen konnten, selber suchen; die erfolgreich Deprogrammierten bildeten später ein Netzwerk von Kultberatern. Allerdings gibt es keine Basis für das Aufbrechen oder Zerstören von Kultstrukturen oder eine Politik der Ausgliederung von Sektenmitgliedern. Kultberater treffen mit austrittswilligen Sektenanhängern heute am liebsten in der Öffentlichkeit zusammen, da sie sich oft wegen angeblicher Übergriffe auf die Sektenmitglieder und Zwangsmaßnahmen im Auftrag der Eltern vor Gericht verantworten mußten. Man kritisiert häufig, daß sie sich ähnlicher Methoden zur Gegenindoktrinierung bedienen wie die Sekten. Die Berater werden auch selbst oft zur Zielscheibe von diversen Drohungen und Einschüchterungsversuchen.

Die Deprogrammierung – das Festhalten eines Sektenmitglieds außerhalb des Einflußbereichs der Sekte – war früher eine akzeptierte Methode, wird aber heute im allgemeinen vermieden, wenn nicht schwerwiegende physische und psychische Gefahren bestehen.

Die Beratung Austrittswilliger muß sorgsam auf die individuellen Bedürfnisse des einzelnen abgestimmt werden. Einer der renommiertesten Spezialisten ist Ian Haworth, der früher selbst Mitglied einer kanadischen Sekte war. Er kennt bis zu 26 verschiedene Beeinflussungsmethoden, die von Sekten erfolgreich angewendet werden, und bezeichnet sich selbst eher als Kultbekämpfer denn als Ausstiegsberater.

Die besten Berater, die bei der Befreiung aus den Fängen eines Kults helfen können, sind ehemalige Sektenmitglieder, weil sie mit den Methoden der jeweiligen Organisationen vertraut sind. Der heutige Prediger Graham Baldwin aus Großbritannien ist ehemaliges Sektenmitglied und einer der bekanntesten Ausstiegsberater.

„Die Sekte ist gefährlich, weil sie darauf aus ist, leicht zu beeindruckende junge Menschen für sich zu gewinnen, zu indoktrinieren und einer Gehirnwäsche zu unterziehen, bis sie unkritische Werkzeuge des Kults sind, ohne normales Denken, Leben und Beziehungen."
(RICHTER LATEY ÜBER DIE „SCIENTOLOGY-KIRCHE")

Viele moderne Kulte zählen vor allem junge und beeinflußbare Menschen zu ihren Anhängern.

Leute wie er müssen bei der Wahl der Strategie die Persönlichkeit und Bedürfnisse der einzelnen, die spezifischen Eigenheiten des jeweiligen Kultes und die Konsequenzen bedenken. Auch die Erfahrungen, die Aussteiger mit dem Kult gemacht haben, und ihre Gründe für den Austritt müssen bedacht werden.

In manchen Fällen, von denen sich die meisten Ausstiegsberater in der Praxis lieber distanzieren, ist dem Sektenmitglied nicht bewußt, welche Rolle der Berater spielt, und es glaubt auch nicht, Hilfe zu brauchen. Damit ist dem Argument derer Tür und Tor geöffnet, die meinen, Beitrittswillige verfügten bereits über ein gewisses Maß an Fanatismus und ehemalige Sektenanhänger könnten in ihrer Gegnerschaft ebenfalls Eiferer sein, was die Wirksamkeit der Ausstiegsberatung schmälert.

SEKTEN

„Kaiser Luzifer, Meister und Fürst der rebellischen Geister, ich beschwöre Dich, verlass Deinen Aufenthalt, in welchem Teil der Welt er auch immer sein mag, und zeig Dich mir, um mit mir zu sprechen. Ich befehle und berufe Dich zu mir im Namen des allmächtigen lebendigen Gottes, des Vaters, des Sohnes und des Heiligen Geistes, tritt hervor ohne Lärm und üblen Gestank..."

Die Mysterien der Anrufung des Bösen im „Grand Grimoire"

■

Nur wenige Glaubensrichtungen haben die Phantasie so beflügelt wie der Satanskult und die schwarze Magie. Der Satanskult ist ein zutiefst christliches Phänomen, bei dem es um einen Pakt mit dem Teufel geht und der nichts mit dem Heidentum der Neuzeit zu tun hat. Es geht um den Glauben an die Existenz des Antichristen, Satans oder Luzifers – des gefallenen Engels. Hexen, denen fälschlich Satansverehrung nachgesagt wird, lehnen die christliche Doktrin ab, es gibt daher für sie keine spirituelle Grundlage für ein Bündnis mit dem Teufel.

Schwarze Magie beschäftigt sich mit den finsteren Aspekten der Zauberei und basiert auf mittelalterlichen Quellen, den „Grimoires" oder „Clavicles". Im Okkulten wurde oft Mißbrauch getrieben, und es war nur ein kleiner Schritt zu Versuchen, mit bösen Geistern zu kommunizieren, um Böses zu tun. Satanskult und schwarze Magie sind vielerorts eine wahre Plage und können bei Menschen mit mangelnder Bildung, naiven Menschen und solchen mit einem Übermaß an Phantasie schreckliche Folgen haben. In der westlichen Welt sind sie eher selten anzutreffen und finden sich häufig nur in den Schlagzeilen der Sensationsberichterstattung.

DIE ERSTEN SCHWARZEN MAGIER

Der Glaube an schwarze Magie und böse Geister entstand lange vor dem Auftreten der ersten Satanskulte. Ehe die Menschen Ackerbau betrieben und in Gemeinschaften seßhaft wurden, lebten sie in nur lose zusammengehaltenen Stammesverbänden von Jägern und Sammlern, von denen bis in die nahe Vergangenheit nur wenige in abgeschiedenen Gebieten wie Sibirien überlebten. Viele dieser Stämme glaubten an die einfachste und doch fantasievollste Form der Religion, den Animismus. Animismus bedeutet, daß alle Dinge der Welt zusammenhängen wie die Glieder einer sich ständig verändernden Kette. Daraus folgt, daß der Mensch mit dem richtigen Zauber zum Baum werden kann, der Wal zum Felsen und der Vogel zur Wolke. Alle diese verwirrenden Metamorphosen sind Launen der Geisterwelt. Geister können sich auch jederzeit in alltägliche Dinge wie Hirsche auf der Flucht, Flammen im Herdfeuer oder Kochtöpfe verwandeln. Die primitiven Stämme verfuhren in ihrem Glauben daher nach dem sicheren Prinzip, daß die Dinge nicht unbedingt so sein mußten, wie sie das menschliche Auge wahrnimmt.

Schamanen sind Stammespriester, die als Vermittler zu dieser komplizierten Geisterwelt fungieren und über Wissen und Intelligenz verfügen,

Ein nordeuropäischer Schamane.

die gewöhnliche Sterbliche nicht haben. Es gibt viele Bezeichnungen für sie, ihre Aufgabe ist aber immer die ehrliche Vermittlung zwischen der Welt des Übernatürlichen, der sogenannten nichtalltäglichen Wirklichkeit, und der Erde, was sie von den anderen Menschen abhebt.

Das Leben einiger Jägerstämme im Norden, wie etwa auf der Halbinsel Kamtschatka am Japanischen Meer, wurde um die Jahrhundertwende vor ihrer Christianisierung erforscht. In ihrer Logik gibt es weder Himmel noch Hölle – im moralischen Sinn des Christentums – und daher auch keine Satansgestalt, obwohl es gute und böse Geister gibt. Die unsichtbare Parallelwelt, die neben der unseren existiert,

quillt regelrecht über, da alles in der Natur einen übernatürlichen Wächter hat. Damit liegt im alltäglichen Tun aller Sterblichen eine Gefahr – beim richtigen Schritt beflügelt einen der zuständige Geist, beim falschen zürnt er, und es folgt ein Fehlschlag. Dieser Gedanke fand auch im volkstümlichen, christlichen Glauben Eingang und besteht nach wie vor in Sekten wie den „Christian Scientists", die Krankheiten in jedem Fall für gottgewollt halten, was bedeutet, daß die Medizin nicht eingreifen darf.

Die Rolle des Schamanen ist ausgesprochen komplex, sie verändert sich nach den diversen Umständen und lokalen Traditionen. Es ist jedoch immer Aufgabe des schwarzen Schamanen, des archetypischen Hexers, für die Geister der Unterwelt Recht zu sprechen. In der typisch sibirischen Götterwelt gibt es drei Ebenen von Geistern, die höchste ist die der Schöpfer. Ihnen untersteht ein Heer von körperlosen Wesen – manche freundlich, manche böse – die ihre jeweiligen Naturbereiche ständig bewachen. Die dritte Gruppe, manchmal auch nur ein schreckliches Wesen, lebt irgendwo unter der Erde. Diese umherstreifenden Wesen, die grundsätzlich böse sind, stehen aber nicht mit den einzelnen Dingen in der Natur in Zusammenhang. Aus dieser Idee der Unterweltgestalten entstand das nordische Reich der Finsternis, das sogenannte „Niflheim", das später in Richard Wagners Opernzyklus „Der Ring des Nibelungen" bekannt gemacht wurde.

SCHAMANENRITEN

•

Schwarzen Schamanen begegnete man wegen ihrer unglückbringenden

Schamanenmaske
der Indianer Nordamerikas.

Macht mit großer Furcht, bei vielen Stämmen haben einzelne Familien sogar eine Schutzmacht in Form von wachenden Hausgeistern. Ihre Aufgabe ist es, den drohenden dunklen Einfluß abzuwehren. Ist der Schamane der Meinung, die Geister der Unterwelt wurden beleidigt, verschafft er ihnen auf seine Weise Gerechtigkeit.

In voller Ausstattung ist der sibirische Schamane für Zartbesaitete durchaus ein furchterregender Anblick. Er trägt eine große, runde, hautbespannte Holztrommel, die er mit einem kurzen Stock schlägt. Seine typische Kleidung besteht aus einem dunklen Fellumhang mit langen Troddeln und bunten Holzperlenschnüren oder Knochen. Das Gesicht

ist zum Großteil von einer spitzen, kapuzenartigen Maske verdeckt, an der Lederriemen und Perlen hängen. So scheint er hinter einem Vorhang verborgen, der die menschliche Identität verhüllt. Seltsamerweise wurden die Rollen des weißen und schwarzen Schamanen miteinander vermengt, beide Aufgaben wurden je nach den Umständen von einer Person wahrgenommen. Der Schlüssel zur Macht der Schamanen, ob weiß oder schwarz, ist die ekstatische Trance, durch die sie sich Zugang zur Geisterwelt verschaffen. Unter dem Einfluß halluzinogener Drogen reist der Schamane in die nichtalltägliche Wirklichkeit und sieht, was dem normalen Sterblichen verborgen bleibt. Er hat die Gabe, mit Wesen zu sprechen, die sonst niemand hören kann.

Leider gibt es sehr wenige authentische Aufzeichnungen über Schamanenriten. Das Okkulte an der Kunst und Methodik des Schamanen ist es auch, was sein Auftreten letztlich wirkungsvoll macht. Vorführungen für Völkerkundler wurden immer verdächtig, gestelltes Theater für den Besucher zu sein. Soweit uns bekannt ist, rauchte der Schamane zunächst feierlich eine Pfeife oder nahm auf die eine oder andere Weise Drogen zu sich. Unter diesem Einfluß begann er zu singen, zu tanzen, seine Kulttrommel zu schlagen, die Rufe und Bewegungen von Tieren nachzuahmen und schließlich sein Opfer direkt oder aus der Ferne zu richten. Wie bei der Kunst des Voodoo handelte es sich dabei eher um eine psychische Drohung, der das Opfer durch primitive Autosuggestion erlag.

HEXENHÄMMER

In den ersten Jahrzehnten des 13. Jahrhunderts, nach einer Zeit relativen Friedens in den katholischen Landen, trat in einem Klima des wachsenden Reichtums der Kirche und der zunehmenden Verarmung der Gemeinden ein fast vergessenes Phänomen wieder in Erscheinung – die Ketzerei.

DIE PÄPSTLICHE INQUISITION

•

Zur Bekämpfung der wachsenden Bedrohung gegen den Einfluß des Papsttums setzte Papst Gregor IX. die wahrscheinlich berüchtigtste Untersuchungskommission der Menschheitsgeschichte ein – die päpstliche Inquisition. Obwohl es bereits gerichtliche Strafen gegen Ketzer gegeben hatte, war die Inquisition das erste offizielle Organ mit spezifischer Aufgabe. Gegründet um 1233 nach dem Kreuzzug gegen die „Katharer" in Südfrankreich, sollte sie Ketzer dort suchen, wo sie bei der örtlichen Bevölkerung beliebt waren. Die Inquisition hatte nicht so sehr die Macht zur Strafverfolgung als die Aufgabe, Ketzer mit allen zu Gebote stehenden Mitteln dingfest zu machen. Die Kommission reiste durch die Lande und führte ihre Verfahren geheim durch. Nur die Urteile wurden jeden Sonntag bei den Hochämtern in den Kathedralen verkündet. Man ging vom Grundsatz aus, daß jeder, der vor die Inquisition gezerrt wurde, bis zum Beweis seiner Unschuld schuldig war. Die Kommission sollte nur das Geständnis beschaffen. Freisprüche gab es nicht, Freigelassene konnten jederzeit wieder festgenommen werden. Papst

Die päpstliche Inquisition in Spanien.

Innozenz IV. verfügte, weltliche Instanzen sollten durch Folter sicherstellen, daß sich kaum jemand als unschuldig erwies. Da sich allerdings die Abgabe dieser Kompetenz an die Zivilgerichte als unpraktisch erwies, gab sich die Inquisition selbst die Befugnis, Angeklagte zu foltern. Jeder Inquisitor unterstand direkt dem Papst, und die Kommission gab es nur in Gebieten, in denen bekann-

termaßen Ketzer ihr Unwesen trieben. So gab es auf den Britischen Inseln keine Inquisition. Die Kommission beschäftigte sich nicht nur mit schweren Fällen offener Häresie, sondern auch mit Hexerei und Zauberei, da diese ab 1398 als Teil eines Paktes mit dem Teufel angesehen wurden und daher als der Ketzerei gleichgesetzt galten. Den Besitz der für Schuldig Befundenen konnten die Kirchengerichte – denen sie von der Inquisition übergeben wurden – einziehen, und die Übeltäter wurden eingekerkert oder hingerichtet. Eines der seltsamsten Befugnisse der Inquisition war das Recht auf Exhumierung von Ketzern, die posthum verurteilt wurden; ihre Leichen mußten nämlich verbrannt werden. Die Todesstrafe wurde letztlich gar nicht so oft ausgesprochen, wie allgemein angenommen wird, auch nicht während der besonders fanatischen Prozesse in der ersten Hälfte des 13. Jahrhunderts.

Die Inquisition hatte bis 1542 keine zentrale Koordinierungsstelle, bis Papst Paul III. im Zuge einer Reform in Rom das Heilige Offizium einrichtete. Die Inquisition verlor im 15. Jahrhundert an Bedeutung, vor allem, weil sie so wirkungsvoll gearbeitet hatte. Wenn es noch Ketzer gab, so waren sie klug genug, ihre Meinung nicht öffentlich zu verkünden. Die Inquisition bestand jedoch noch weiter bis ins 18. Jahrhundert, ehe sie zunächst 1782 in Italien und 1784 in Spanien abgeschafft wurde. Um 1800 war gemäßigte religiöse Intoleranz in ganz Frankreich die Norm.

„MALLEUS MALEFICARUM"

•

Der „Malleus Maleficarum", was wörtlich übersetzt soviel bedeutet wie „Hexenhammer", erschien im Jahr 1486; als eines der wichtigsten frühen Druckwerke war es von direkter

> *„Egal, wie mächtig oder prominent ein Verdächtiger war, der vor die Inquisition gezerrt wurde – er galt als schuldig, bis er seine Unschuld bewiesen hatte. Allerdings war es in den meisten Fällen unmöglich, denn alles sprach gegen ihn."*
>
> (DAVID CHRISTIE MURRAY, A HISTORY OF HERESY)

Titelblatt des „Hexenhammers" von Sprenger & Institoris.

Bedeutung für die Methoden der Inquisition. Die Verfasser, der deutsche Inquisitor Heinrich Institoris und sein Kollege, der Dominikaner Jakob Sprenger, arbeiteten unter Anleitung von Papst Innozenz VIII. Zwei Jahre zuvor hatte Innozenz sein Siegel unter die in Deutschland herausgegebene päpstliche Bulle „Summis Desiderantes Affectibus" gesetzt, in der die Bemühungen der katholischen Kirche um eine Methodik der Hexenverfolgung kulminierten. Die Bulle war damit auch Ausdruck des päpstlichen Wohlgefallens an der weiteren Arbeit der Inquisition.

Institoris und Sprenger beschrieben in ihrem Buch die wesentlichen Kennzeichen der Hexerei im Sinne der Kirche. Dazu gehörten unter anderem die Absage an christliche Prinzipien und jede Handlung im Dienste des Teufels.

Der „Malleus Maleficarum" wies auch darauf hin, daß die meisten Hexen Frauen waren, bezichtigte sie sexueller Praktiken mit dem Teufel und behauptete, sie würden ungetaufte Kinder in ihr Handwerk einweisen. Es hieß, sie besäßen die Fähigkeit der Levitation und könnten sich in den verschiedensten Formen zeigen; sie wurden beschuldigt, regelmäßig Hostien zu entweihen und mit großer Geschicklichkeit Zaubersalben und -tränke herzustellen.

Der „Hexenhammer" wurde so populär, daß er in den folgenden 35 Jahren insgesamt 14 Auflagen erlebte; Übersetzungen, etwa in die englische Sprache, stammen aus jüngerer Zeit.

DIE SABBATZIEGE

„Hierauf sah ich ein anderes Tier aus der Erde emporsteigen.
Es hatte zwei Hörner wie ein Lamm,
redete aber wie ein Drache …
Dies ist die Weisheit.
Möge der, der versteht, die Zahl des Tieres nennen,
denn es ist die Zahl eines Menschen, und die Zahl ist
sechshundert, drei Mal zwanzig und sechs.“
(OFFENBARUNG 13,11 UND 18)

Hexensabbat, Handschrift aus dem 15. Jhdt.

Vom Anfang der Geschichtsschreibung an wurden Geister als Menschengestalten mit tierischen Merkmalen dargestellt. In der griechischen und römischen Mythologie hatten die eher ausschweifenden Götter wie Dionysos, Bacchus und Pan oft auch Merkmale von Ziegen und waren von Satyrn umgeben. Ein Tier, das halb Ziege, halb Hirsch war, trat in den Dionysischen Mysterien auf.

Tieren aus der Familie der Paarhufer mit Hörnern und Schlitzaugen wurde in der Natur oft die Rolle des Bösen zugeteilt. Es ist daher nicht unlogisch, daß sie im Christentum mit dem Antichrist in Verbindung gebracht wurden. In der Kunst des alten Mesopotamien werden Geißen in vielen Fällen als Bedrohung für den Lebensbaum dargestellt, der wiederum Symbol der Muttergöttin und Himmelskönigin ist. In den nordischen Beschreibungen von Walhalla nagt die Ziege Heidrun zerstörerisch an den Blättern der Weltesche Yggdrasil. Die flüchtige Beschreibung des Großen Tieres, das in der „Offenbarung“ aus der Erde, also aus den tiefsten Gründen der Unterwelt, emporsteigt, inspirierte die meisten phantasievollen Darstellungen des christlichen Teufels, der auch als Satan, Luzifer oder Lichtbringer bezeichnet wurde.

DIE ZIEGENVEREHRUNG

•

Beinahe jede Gruppe der christlichen Ketzer wurde kurzerhand auch der Ziegenverehrung angeklagt. Die „Waldenser“ des 12. Jahrhunderts werden auf dem Frontispiz des „Tractus Contra Sectum Valdensium" von Johannes Tinctoris vor dem Hinterteil eines eher harmlos aussehenden Hornviehs auf den Knien liegend dargestellt. Um die Hintergründe dieser Darstellung besser verstehen zu können, muß man sich die Polemik der Christen gegen Häretiker und Hexen vor Augen führen. Beiden Gruppen wurde die unappetitliche Praxis zugeschrieben, bei ihren Riten das Hinterteil des Teufels zu küssen.

Der Teufel wird in Francisco de Goyas berühmtem, aber nicht sehr authentischen Bild „Der Sabbat" als eher menschenähnliche Ziege dargestellt. Goya schuf das Gemälde gegen das Jahr 1794, als Hexerei und böse Taten den Menschen noch im Gedächtnis waren – wenn sie auch nicht mehr in den Gesetzesbüchern standen, wie zum Beispiel in Großbritannien, wo das letzte Hexereigesetz im Jahr 1736 aufgehoben wurde. Das Bild zeigt, wie eine Schwesternschaft von alten Weibern einer ziegenartigen, haarigen Person mit bösartigem Gesichtsausdruck und um die Hörner gewundenem Efeu ein bis aufs Skelett abgemagertes Kind darbietet. Hexen galten im Mittelalter als Teufelsanbeterinnen, und der Sabbat war der Tag der nächtlichen Versammlung, bei der sie ihren Meister anbeteten und sexuelle Riten mit ihm vollzogen. Man glaubte allgemein, daß sie dabei Säuglinge und Kleinkinder zu grausigen Zwecken töteten. In Wirklichkeit taten sie wohl kaum mehr, als Milch von den Kühen auf der Wei-

de zu stehlen und unerlaubt in den Scheunen der Bauern Zuflucht zu suchen.

Die Verbindung zwischen den Hexen und der Teufelsziege entstand zum Teil aus der Verwechslung bildlicher Darstellungen. Hexen gehören einem alten heidnischen Glauben an, in dem es die christliche Gestalt des Teufels nicht gibt. Sie beteten „Cernunnos" – den gehörnten Gott – an, der eine gewisse Ähnlichkeit mit unserem Luzifer hat. Luzifer wurde wiederum den klassischen Darstellungen von Pan nachempfunden, denn dieser trägt ebenfalls Hörner, ist behaart und behuft. Auch in der

nordischen Religion bringt man Gestalten wie Frigg – die Königin der Hexen – mit Ziegen und anderen Tieren in Verbindung, auf denen die Hexen reiten.

ELIPHAS LÉVI UND DIE SABBATZIEGE
•

Die bekannteste unter den relativ jungen Darstellungen der Sabbatziege stammt von dem Zauberer Eliphas Lévi. Die Zeichnung aus dem Jahre 1856 ist das Frontispiz seines Werkes „Dogme et Rituel de la Haute Magie". Lévis Ziege ist eine durch und durch satanische Kreatur mit den Armen und dem Oberkörper eines androgynen Menschen, schwarzen Flügeln, dem Bauch eines Reptils, dem Heroldsstab oder „Caduceus" des antiken griechischen Gottes Hermes, so gehalten, als wäre er ein erigierter Phallus, sich windenden Schlangen, bösem Gesichtsausdruck und Ziegenbeinen. Auf ihrer Stirn trägt sie ein Pentagramm. Lévi hatte den nicht ganz neuen androgynen Aspekt wiederaufleben lassen und setzte die Symbolik alter Traditionen ein.

Aleister Crowley (siehe Seite 90-91), einer der bekanntesten modernen Okkultisten und schwarzen Magier, der von 1875 bis 1947 lebte, war ein begeisterter Anhänger des Werks von Eliphas Lévi. Der Magier nannte sich nach der furchterregenden Kreatur aus der Offenbarung „Das Große Tier 666". Vielleicht war er wirklich die personifizierte Sabbatziege des 20. Jahrhunderts.

Die Sabbatziege –
Eliphas Lévi, 1856.

Schwarze und weiße Magie sind subjektive Begriffe, da der Nutzen des einen oft der Nachteil des anderen ist. Ähnlich subjektiv verhält es sich mit den Magiern. Viele Zauberer und Hexen wurden von denen gelobt, denen sie geholfen hatten, während sie der Nachbar vielleicht verfluchte. Vermutlich gab es nur selten welche, die so böse und verkommen waren, daß sie die okkulten Künste nur zu zerstörerischen Zwekken praktizierten.

Die Rituale der schwarzen Magie basieren vor allem auf Zaubersprüchen des Mittelalters, die in Handbüchern, den sogenannten „Grimoires", gesammelt wurden. Diese beruhten wiederum häufig auf der Magie der hebräischen Kabbala, die in esoterischen Werken wie im „Testament Salomo" und in den „Büchern Enoch" beschrieben wurde.

Zumindest vier Handbücher der schwarzen Magie, alle ursprünglich in französisch verfaßt, sind im Umlauf und werden noch heute von Okkultisten gelesen. Es sind dies das „Grimorium Verum", das Anfang des 16. Jahrhunderts vom Jesuitenmönch Plaingière aus dem Hebräischen übersetzt wurde, das „Grand Grimoire", das unbekannter Herkunft ist, jedoch einem Antonio Venitiana del Rabina (vermutlich ein Pseudonym) zugeschrieben wird, das Buch „Wahre Schwarze Magie oder das Geheimnis der Geheimnisse", das von einem Iroe-Grego um 1750 in Rom aus dem Hebräischen übersetzt worden sein soll,

Kalender der Schwarzen Magie.

und die „Verfassung Papst Honorius' des Großen", ebenfalls in Rom um 1670 erschienen.

Die Schwarze Messe, von Schriftstellern wie Dennis Wheatly populär gemacht, ist am ehesten als Parodie auf die römisch-katholische Messe zu beschreiben; eine aus einer Kirche gestohlene Hostie wird entweiht oder durch eine schwarz gefärbte Rübe ersetzt. Das Vaterunser wird rückwärts gebetet. Bei einer richtigen Schwarzen Messe sollte auch ein seines Amtes enthobener katholischer Priester anwesend sein. Das erscheint heute eher unwahrscheinlich, es gibt jedoch Hinweise dafür, daß der Klerus früher aktiv an Hexerei und Teufelsverehrung beteiligt war.

Die Zahl der in England gerichtlich verfolgten Schwarzen Messen in

Der Sabbat – Stich aus dem 16. Jhdt., nach „Das Tribunal von Arras", 1460.

SATANSRITUAL

In seiner „Historie of Witchcraft" bemerkte Reginald Scot, daß die Hostie ungeheure okkulte Bedeutung hatte und es weniger der Kommunion mit dem auferstandenen Christus entsprach, sie in sich aufzunehmen, als der Aufnahme einer magischen Kraft. Die protestantische Schilderung ist besonders aufwühlend.

„...mit ihren fleischlichen Händen zerreißen sie sein menschliches Fleisch in kleine Stücke und mit ihren Zähnen kauen sie sein Fleisch und seine Knochen, wider die göttliche und menschliche Natur und wider die Prophezeiung, die da sagt: es soll ihm nicht ein Knochen zerbrochen werden. Am Ende ihres Opfers (heißt es) essen sie ihn, wie er ist, und verschlingen jedes Glied und Krümelchen mit ihren Mägen…"

der Geschichte ist relativ klein. Eine Frau namens Mabel Brigge wurde 1538 in England hingerichtet, weil sie in einer solchen „Blackfast"-Feier den Tod Heinrichs VIII. und des Herzogs von Norfolk herbeiführen wollte.

Matthew Hopkins entlarvte im Jahr 1645 eine angebliche Hexe. Der Hausgenosse der Beschuldigten trug den Namen „Blackfast".

Der erste Bericht einer Schwarzen Messe in Frankreich stammt aus der Zeit Ludwigs XIV. In der „Chambre Ardente" wurden 1680 rund 60 Priester des sexuellen Mißbrauchs und der Opferung von Kindern bei Schwarzen Messen angeklagt. Diverse schlüpfrige Berichte erwähnen nicht näher bezeichnete Rituale, die der Priester über dem nackten Leib eines auf dem Altar ausgestreckten, jungen Mädchens durchführte. Der Höhepunkt war die Eucharistie, bei der er ein Stück Hostie in ihre Vagina einführte, den Ge-

schlechtsverkehr mit ihr vollzog und sie danach mit Wasser aus dem Meßkelch wusch. Das Weihwasser war angeblich Ziegenurin, der mit einem schwarzen Wedel versprengt wurde.

Die Versuche der praktizierenden Hexer und anderer, sich Hostien anzueignen, nahm so überhand, daß auf dem Lateranischen Konzil im Jahr 1215 verfügt wurde, Eucharistiegefäße, Hostien, Chrisam und Wasser in versperrten Tabernakeln aufzubewahren, damit sie nicht von Hexen gestohlen wurden.

Es gibt auch Hinweise darauf, daß unter großer Geheimhaltung in verschiedenen Teilen der Welt, darunter in Großbritannien und in den USA, nach wie vor Schwarze Messen abgehalten werden.

KOMMUNION MIT DEM TEUFEL

Der „Malleus Maleficarum" zitiert mehrere Fälle, in denen Hexen die Hostie für ihre Zwecke mißbrauchen.

„Wenn eine gewisse Hexe den Leib des Herrn empfängt, senkt sie plötzlich den Kopf, wie dies dabei die verabscheuungswürdige Gewohnheit der Frauen ist, hält ihr Gewand vor das Gesicht, nimmt den Leib des Herren aus dem Mund, packt ihn in ein Tuch und legt ihn auf Anraten des Teufels in einen Topf, in dem sich auch eine Kröte befindet, und vergräbt diesen beim Speicher neben ihrem Haus mit anderen Dingen, die sie für ihre Hexerei braucht."

DIE HELLFIRE CLUBS

Im Jahre 1734 wurde die „Dilettanti Society" gegründet, die Kunstkenner beim geselligen Beisammensein vereinen sollte. Ihre Mitglieder rekrutierten sich aus englischen Intellektuellen und Wohlhabenden. Es war die Zeit Georges II., der Vorherrschaft der liberalen Whigs und des Politikers und Literaten Robert Walpoles. Damals war Englands Einfluß in Europa im Schwinden, kurz danach führte das Land ohne Verbündete Krieg gegen Spanien. Die Gesellschaft zog elegante junge Adelige wie Lord Palmerston, aber auch weniger respektable Wüstlinge an, die in erster Linie an Alkohol und Geld dachten. Einer von ihnen war Sir Francis Dashwood.

Sir Francis Dashwood bei der Venusverehrung, Karikatur.

BARON LE DESPENSER

•

Dashwood, der 15. Baron le Despenser, wurde 1708 geboren und war ein angenehmes und abenteuerliches Leben gewöhnt. Im Jahre 1738 hielt er sich in Florenz auf und wurde dort Freimaurer, was ihn am Okkulten Gefallen finden ließ. Ein Jahr später wurde er nach seiner Rückkehr nach England Mitglied der „Dilettanti Society". Er gründete dann seinen eigenen Club, die „Friars of St. Francis of Wycombe". Das bedeutete, daß sich die Mitglieder dieser Geheimvereinigung als Mönche verkleideten. Damit waren ihre pseudokirchlichen Aktivitäten auch schon zu Ende, denn ihre Treffen dienten dem Völlern, den Trinkgelagen, dem Glücksspiel und der sexuellen Ausschweifung. Sie waren somit einer von vielen ähnlichen Clubs, die im 18. und 19. Jahrhundert im Zentrum des Gesellschaftsklatsches standen. Die Aktivitäten dieser sogenannten „Hellfire Clubs", so ging das Gerücht, standen auch mit Satanskult und Hexerei in Verbindung. In Wirklichkeit hatten sie damit nichts zu tun, freuten sich aber über ihren schlechten Ruf. Dashwood kaufte 1751 ein Anwesen in Marlow in der Grafschaft Buckinghamshire, Medmenham Abbey, und machte daraus ein Kultzentrum im pseudogotischen Stil mit einem Park voller heidnischer Statuen und einer Grotte. Dort sollen die Clubmitglieder in ihren Mönchsgewändern ihre hedonistischen Feste gefeiert haben. Zu den Eingeweihten zählten viele Prominente der Zeit, wie Benjamin Franklin, Francis Duffield, Lord Sandwich, George Selwyn und John Wilkes.

John Wilkes war typisch für die Mitglieder eines „Hellfire Clubs". Als Sohn eines reichen Schnapsbrenners war er an den besten Schulen erzogen worden und hatte es zu etwas gebracht; unter anderem hatte er einen Parlamentssitz für die Vertretung von Aylesbury gekauft. Obwohl er schielte, war er bei den Frauen beliebt. Er hatte auch eine Vorliebe für Spieler und andere Männer zweifelhaften Rufes, was ihn an den Rand des Ruins brachte. Er verachtete die, die ihr Heil im Spießbürgertum und im Versteckspiel suchten. Für ihn boten die „Hellfire Clubs" ganz offen genau die Art von Unterhaltung, die er schätzte.

DAS ENDE
•

Die meisten Mitglieder fanden diese Clubs jedoch nicht sehr lange anziehend. Um das Jahr 1762 mußte Dashwoods „Hellfire Club" wegen Mangels an Mitgliedern schließen. Im selben Jahr wurde Dashwood Schatzkanzler und bekleidete damit einen Posten, den er ein Jahr lang höchst unfähig ausübte. Danach erhielt er 1770 das Amt des Postministers, das er bis zu seinem Tod im Alter von 79 Jahren 1781 innehatte.

Die „Hellfire Clubs" waren zwar nur für eine relativ kurze Zeit in der englischen Sozialgeschichte bezeichnend, aber was man damals in den respektableren Londoner Salons hinter vorgehaltener Hand tuschelte, waren Dinge, die den Mitgliedern geneidet wurden.

Ihre Rolle im Wiederaufleben der Dämonenverehrung war künstlich geschaffen und nur eine Fassade für ihre sexuellen Ausschweifungen. Die feine Gesellschaft Europas war bereits zu aufgeklärt, als daß sie an gehörnte Wesen und Dreizacke geglaubt hätte.

„Ich habe mir meinen Spaß geholt, wo ich wollte, und jetzt muß ich dafür bezahlen. Je mehr du weißt, desto weniger bist du zufrieden, und am Ende sitzt du und träumst von den Flammen der Hölle. Nehmt Euch meine Warnung zu Herzen (ich weiß, ihr tut's nicht) und hört auf meinen Rat über die Frauen."
(RUDYARD KIPLING)

Eingang zur Höhle der „Friars of West Wycombe".

ALEISTER CROWLEY – DAS GROSSE TIER

Aleister Crowley bei der Zauberei.

Leila Wadell bei den „Eleusinischen Riten".

Edward Alexander Crowley, der sich in Aleister umbenannte, wurde im Jahr 1875 in Leamington Spa geboren. Je nach Blickwinkel gilt er als Inkarnation des Teufels oder brillantester Vertreter der okkulten Künste in jüngerer Zeit. Seine Eltern gehörten der Sekte der „Plymouth Brethren" an, ein lockerer, aber protestantischer Zusammenschluß, der sich nach einer 1831 im englischen Plymouth abgehaltenen ersten Versammlung nannte. Sie waren vermutlich ausschlaggebend für seine Ablehnung des christlichen Glaubens. Aleister studierte an äußerst renommierten Schulen, unter anderem am Malvern College und später am Trinity College der Universität Cambridge, schloß jedoch das Studium nicht ab. Damals entwickelte sich sein Interesse am Okkultismus. Er soll während seines Studiums in Cambridge den berüchtigten George Pickingill aus Essex kennengelernt haben, der ihn in seine Hexengruppe in East Anglia eingeführt haben könnte.

DER ORDEN DER GOLDENEN MORGENRÖTE

•

Mit 25 Jahren schloß er sich dem „Hermetischen Orden der Goldenen Morgenröte", einer Zauberersekte, an und gab sich den Namen „Frater Perdurabo". Seine Initiation war unter den Kultmitgliedern umstritten; man hielt ihn für unerwünscht, verrückt und latent homosexuell, was ihn eigentlich von der weiteren Mitglied-

schaft ausgeschlossen hätte. Er bestand jedoch auf der Aufnahme in den Orden und wurde von einem der Gründer, S. L. McGregor Mathers, protegiert, mit dem er sich später überwarf. Crowley wurde daraufhin von einem anderen Mitglied, Alan Bennett, unter die Fittiche genommen, der ihm die Zahlenmagie aus den Texten der jüdischen „Kabbala" näherbrachte und ihn in die obskure Disziplin des „Abra-Melin" aus der griechischen Satire einführte.

DAS BUCH DES GESETZES

•

Crowley zog im Jahr 1903 nach Boleskin in Schottland und heiratete das Medium Rose Kelly, die Schwester des Malers Sir Gerald Kelly. Das Paar reiste viel, unter anderem erwies sich die Reise nach Kairo als besonders bedeutsam. Denn Crowley traf dort angeblich im April 1904 auf einen Geist namens „Aiwass" und wurde über Vermittlung seiner Frau Rose, des Mediums, angewiesen, in drei Tagen sein literarisches Hauptwerk, das „Liber AL vel Legis" (Buch des Gesetzes) zu schreiben. In diesem Prosagedicht in drei Kapiteln prägte er die berühmt gewordene hedonistische Phrase: „Tu', was Du willst, ist das einzige Gesetz. Liebe ist das Gesetz, Liebe unterliegt dem Willen." Gleichzeitig nannte er sich „das Große Tier 666, Prophet eines neuen Äons", eine Bezeichnung, die er vermutlich von der furchterregenden Kreatur aus der Offenbarung abgeleitet hatte, die ihn seit seiner Kindheit faszinierte. Dies wurde auch von seiner Behauptung bestätigt, die Welt würde in Chaos und Krieg enden, ein neuer Äon würde beginnen, und die bekannten Weltreligionen würden untergehen. Zumindest teilweise traten seine Prophezeiungen ein.

ORDO TEMPLI ORIENTIS

•

Im Jahr 1912 wurde Aleister Crowley in einen weiteren, noch geheimnisvolleren Kultkreis, den „Ordo Templis Orientis", eingeführt. Dieser deutsche Kult war 1904 gegründet worden und leitete sich angeblich von den Templern her. Crowley wurde sofort in den neunten Grad erhoben und erster britischer Ordensführer, bevor er Theodor Ruess als internationaler Führer des Kults nachfolgte. Die Doktrin des nie besonders bekannten Kultes war eine wirre Mischung aus orientalischer Philosophie und europäischem Tantrismus. Es handelte sich vermutlich um eine Splittergruppe enttäuschter Hermetiker und Zauberer, die jedoch von sich behaupteten, den Schlüssel zu allen Geheimnissen der Freimaurer und Hermetiker zu besitzen, und unter anderem Sexualmagie und Naturüberlieferung betonte. Zu den Ritualgegenständen gehörten Hosenband, Dolch und Kelch, also Symbole des Liebesaktes. Im „Ordo Templi Orientis" gab es neun aktive Grade und einen rein administrativen zehnten Grad. Die ersten sechs Grade erreichte man durch Initiationsriten, die übrigen durch Lernen. Der Orden wurde im Jahr 1937 wie alle okkulten Organisationen von den Nationalsozialisten verboten. In der Zwischenkriegszeit gründete Crowley in Cefalù in Sizilien die sogenannte „Abtei von Thelem", wo er seinen Kult des Neuen Äons weitergab, er wurde jedoch von Mussolini ausgewiesen.

Die „Abtei von Thelema", Cefalù, Sizilien.

SCHWÄCHE FÜR SUCHTGIFTE

•

Aleister Crowley war für seine enorme sexuelle Aktivität, seine Schwäche für Suchtgifte und den unbezähmbaren Wunsch nach persönlicher Macht bekannt. Viele Antworten fand er in der Schwarzen Magie, der er sich seit seiner Studienzeit immer stärker annäherte. Angeblich trug er stets ein Medaillon mit der Gravierung „Das Große Tier 666" um den Hals, mit dem er seine Geliebten gebrandmarkt haben soll. Es gibt eine berühmte Fotografie, die eine Frau namens Leila Wadell darstellt, die sich das Zeichen zwischen die Brüste hatte tätowieren lassen.

Er trug auch einen siebenköpfigen „Dämonenstock". Entgegen der weitverbreiteten Auffassung war er niemals Hexer und hatte angeblich sogar Angst vor der Hexerei. Es gelang ihm aber, zahlreiche Leben von Menschen in seinem Dunstkreis zu zerstören, darunter das seiner Frau Rose, die zur Alkoholikerin wurde.

Gegen Ende seines Lebens zog er sich, von der Heroinsucht gezeichnet, in das Netherwood-Hotel bei Hastings zurück, wo er im Jahr 1947 im Alter von 72 Jahren starb. Bis zuletzt umgab ihn eine Aura des Skandals, denn seine Leiche wurde in Brighton zu Lesungen aus seinen heidnischen Zaubertexten verbrannt und die Asche an seinen Nachfolger als Führer des „Ordo Templi Orientis", Karl Germer, gesandt, der in die USA ausgewandert war. Crowley wollte auch, daß sich die Kultanhänger anläßlich des ersten Jahrestages seines Todes zu einem Abendessen in London treffen sollten. Angeblich war Germer der einzige, der erschien.

DIE HEXEN VON SALEM

Im Frühjahr 1692 hatten zwei kleine Mädchen, 9 und 11 Jahre alt, in der Kleinstadt Salem im US-Bundesstaat Massachusetts, wo heute der Bostoner Vorort Danvers liegt, nichts anderes im Sinn, als harmlos zu spielen. Leider hatte das Spiel katastrophale Folgen, die bis heute nicht vergessen sind.

Die Kinder wollten durch Weissagung die Namen ihrer zukünftigen Ehemänner erfahren. Sie wurden jedoch von ihrem Spiel zu sehr mitgerissen, und ihre vermeintliche Zauberei artete in Hysterie aus. Eine von ihnen war die Tochter des örtlichen Pastors Samuel Parris, was für die weitere Entwicklung von Bedeutung sein sollte. Der Vater zog den Arzt Dr. Griggs zu Rate, der keinen physischen Grund für die Hysterie feststellen konnte und die Symptome auf Hexerei zurückführte. Als sich diese Neuigkeit im Ort verbreitete, verschlechterte sich nicht nur der Zustand der Mädchen, die unter heftigen Krämpfen zu leiden begannen, sondern führte auch – vermutlich durch Autosuggestion – zu einer Verbreitung der Hysterie bei anderen Frauen.

An diesem Punkt wurden die Kinder einer ernsten Befragung unterzogen und gaben – vielleicht aus Boshaftigkeit gegenüber denen, die sie nicht mochten – zwei Frauen aus dem Ort als verantwortlich an: Sarah Goode, die örtliche pfeifenrauchende Exzentrikerin, die auf alle einen etwas schlampigen und heruntergekommenen Eindruck machte, und Sarah Osborne, eine Dame der Gesellschaft, die sich durch ein erotisches Skandälchen nach dem anderen unmöglich gemacht hatte und mehr als ein Jahr nicht zur Kirche gegangen war. Die Mädchen beschuldigten auch eine junge Sklavin namens Tituba; während die beiden älteren Frauen jede Anschuldigung von sich wiesen, war Tituba bereit, in schlüpfrigen Details zu bekennen, daß sie mit einem „schwarzen, haarigen, langnasigen Teufel" eine Verbindung eingegangen war. Die beiden Mädchen fühlten sich offenbar im Rampenlicht wohl und wurden immer wieder von Schrei- und Krampfanfällen geschüttelt, die die öffentliche Besorgnis anheizten. Immer mehr Menschen wiesen ähnliche Symptome auf und schoben die Schuld dafür oft ihren Nachbarn zu.

DIE GESCHICHTE WIEDERHOLT SICH

•

Neuengland war bereits 50 Jahre zuvor schon einmal der Angst vor der Hexerei erlegen, als 1647 in Connecticut die erste Hinrichtung einer

Festnahme einer der Hexerei Verdächtigten, Neuengland, um 1692.

Hexe stattfand. Die Auswirkungen waren schwerwiegend, und der einflußreiche Theologe Cotton Mather publizierte 1689 mit „Memorable Providences Relating to Witchcraft and Possessions" eine Denkschrift, die die Existenz der Hexerei bekräftigte. Er unterstützte auch stillschweigend die Hexenprozesse. Salem war nicht der einzige Ort, an dem solche Prozesse stattfanden, aber sicherlich der berüchtigste, denn ein einziger Anlaß führte zum Tod von 19 Menschen, zumeist Frauen, durch den Strang. Tituba, die Sklavin, die den Stein ins Rollen brachte, war nicht dabei: Wer sich der Hexerei schuldig bekannte, wurde nach den Gesetzen von Neuengland nicht hingerichtet.

Die Öffentlichkeit nahm regen Anteil an den Prozessen, und die kleinen Mädchen, die im Brennpunkt des Interesses standen, lieferten bei den Verhandlungen immer wieder überzeugende Beweise ihrer Besessenheit. Tituba setzte ihre bildhaften Beschreibungen fort und erwähnte immer wieder nicht näher bezeichnete andere Personen, die ebenfalls zu den Schuldigen gehörten. In der weiteren Folge wurden mehr und mehr Menschen in die Sache mit hineingezogen, eine wahre Lawine war losgetreten worden. Als schließlich alle angeklagt waren, wollte man auf den neuen Gouverneur Sir William Phips warten, bevor man mit den Hinrichtungen begann. Am 10. Juni fing man mit der ersten Hinrichtung an,

Titelseite des Cotton Mather-Traktats wider die Hexerei.

am 19. Juni folgten fünf und am 5. August sechs weitere Hinrichtungen. Bis zum 22. September hatte man 19 Personen gehängt und viele andere eingekerkert. Unter den Hingerichteten waren auch die beiden oben erwähnten Frauen Sarah Goode und Sarah Osborne.

Die Hexenjagd war zwar eher eine Domäne der katholischen Kirche, fand aber willige Nachahmer in den von der Landwirtschaft dominierten kleinen Gemeinden der amerikanischen Puritaner, deren strenge Lebensform und bibeltreue Orthodoxie als Bollwerk gegen den Satan dienen sollte. Nach den Hinrichtungen von Salem breitete sich die Hysterie auf die Nachbarstädte aus und drohte außer Kontrolle zu geraten. Ende 1692 platzten die Gefängnisse aus den Nähten, so daß Gouverneur Phips alle Angeklagten begnadigte und freiließ. Es gibt keine Beweise für tatsächliche Hexerei unter den Verurteilten von Salem. Wahrscheinlich ist aber, daß Tituba als Sklavin wie viele andere Voodoo praktizierte, um mit ihren Wurzeln und ihren Vorfahren in Verbindung zu bleiben. Diese heidnischen Gewohnheiten galten bei den Sklavenhaltern nicht nur als Hexerei und Satanskult, sondern wurden auch als potentieller Unruheherd betrachtet.

Die Hexenprozesse von Salem waren ein Beispiel dafür, wie Religion außer Rand und Band geraten kann. Sie veranschaulichen aber auch, daß sich in den amerikanischen Kolonien des 17. Jahrhunderts ein Klima der religiösen Intoleranz ausbreitete. Trotz der weniger drakonischen Strafen gab es zahlreiche Fälle religiöser Verfolgung, und das Prinzip der Meinungsfreiheit war keineswegs allgemein verwirklicht. Weniger als ein Jahr später war in Salem wieder Ruhe eingekehrt, aber der Vorwurf, für jede Vernunft blind gewesen zu sein, blieb an Neuengland und seiner Justizgeschichte haften.

DIE RITUALMÖRDER

Im Juli 1969 blieb der Mord an dem kalifornischen Musiker Gary Hinman von den Medien unentdeckt. Er war zu Hause mit mehreren Messerstichen getötet worden; an der Wand standen die mit Blut geschriebenen Worte „Polit-Schwein". Einen Monat später, am 9. August desselben Jahres, meldete die Presse den grausamen Mord an mehreren Prominenten in Benedict Canyon, einem Teil des eleganten Vorortes von Los Angeles, Bel Air, dort, wo Leute aus Hollywood ihre großen Anwesen hatten. Eines der Häuser war von Regisseur Roman Polanski gemietet worden. Dort wurden die 26jährige schwangere Frau Polanskis, Sharon Tate, und vier Freunde in einem offensichtlichen Ritualmord abgeschlachtet. Der Verwalter wurde erschossen im Auto aufgefunden, eine Leiche lag

> **„Wenn man an die Wiedergeburt Christi glaubt,**
> **ist M. der Retter … wenn man jemanden tötet,**
> **befreit man nur seine Seele.**
> **Das Leben kennt keine Grenzen, und der Tod ist nur Illusion.**
> **Das einzige, das mit dem Wort ‚töten' stirbt, ist das Ich."**
>
> (BRIEF VON SUSAN ATKINS, VERURTEILTES MITGLIED
> DER CHARLES MANSON-KOMMUNE, 22. FEBRUAR 1970)

erschlagen im Haus, zwei auf dem Rasen, und Sharon Tate war mit mehreren Messerstichen getötet und verstümmelt worden, vergebens flehend, man möge sie wegen des Kindes verschonen. Am nächsten Tag wurden die Nachbarn Polanskis, Leo Labianca und seine Frau, auf ähnliche Weise ermordet. Bezeichnenderweise fand man auf der Eingangstür von Tates Haus mit Blut das Wort

Charles Manson und seine Hippie-Anhänger.

„Schwein" geschrieben, bei den Labiancas stand „Tod den Schweinen" auf der Eisschranktür.

Am 3. Dezember 1969 wurden mehrere Mitglieder einer Hippie-Kommune festgenommen und der Morde beschuldigt. Der mutmaßliche Anführer war der bärtige, halbgebildete 34jährige Charles Manson, zur Gruppe gehörten noch Charles „Tex" Watson, 24, und drei junge Frauen namens Patricia Krenwinkle, 28, Linda Kasabian, 19, und Susan

Denise Atkins, 21. Atkins und Manson wurden im Haupthaus der Kommune in Death Valley festgenommen, die anderen spürte man in Texas, Alabama und New Jersey auf. Eine fünfte Person, Lesley van Houten, 19, wurde wenig später verhaftet.

Ihre Gruppe war als „Manson-Familie" bekannt. Manson war mit seinen Anhängern aus dem armen Stadtviertel Height Ashbury in San Francisco auf eine ehemalige Filmranch für Außenaufnahmen, die Spahn Ranch bei Los Angeles, gezogen. Von dort zogen sie weiter in zwei primitive Bergarbeiterhütten im Death Valley, wo sich die Gruppe der etwa 20 Hippies niederließ. Die Mädchen trugen entweder nichts oder nur Bikinihöschen, und die Gruppe praktizierte freie Liebe, nachdem ihnen Manson erklärt hatte, er sei der Vater, der wußte, daß Liebe guttat. Sie fuhren mit einem alten Bus durch die Gegend und bettelten, wenn sie Geld brauchten.

Alle standen völlig unter dem Einfluß von Manson, von dem Susan Atkins nach ihrer Festnahme sagte: „Unser Führer ist ein sehr guter Mensch. Wir gehören ihm, nicht uns." Sie hielten ihn für eine Inkarnation von Gott und Teufel und glaubten an seine Philosophie, daß die beiden ein und dasselbe seien und es daher keinen Unterschied zwischen Gut und Böse gebe. Einen Menschen zu töten war in Ordnung, weil es die Seele des Opfers befreite.

Manson soll das Haus von Polanski und Tate ausgesucht haben, weil er einem früheren Mieter, dem Plattenproduzenten und Sohn von Doris Day, Terry Melcher, grollte. Er soll seinen Anhängern aufgetragen haben, alle im Haus zu töten. Atkins, Krenwinkle, van Houten und Watson schnitten die Telefon- und Stromleitungen durch und drangen in das

Atkins, Krenwinkle und van Houten vor der Urteilsverkündung in Los Angeles.

Haus ein, während die schwangere Kasabian Wache stand. Watson erschoß den Verwalter, als dieser mit dem Auto vorfuhr, die anderen töteten alle im Haus befindlichen Personen. Alle Kommunenmitglieder trugen Schwarz.

Mansons junge Anhänger folgten seinen Anweisungen, zu töten, ohne ihn in Frage zu stellen. Sie hielten ihn für die Reinkarnation Christi, er war für sie übermenschlich und über jeden Zweifel erhaben. Durch ihren Gehorsam standen sie über und außerhalb des Gesetzes.

Am 7. März 1970 brachte Linda Kasabian im Gefängnis ihr Kind zur Welt. Inzwischen wurde Manson des

Mordes in neun Fällen angeklagt. Er und die Frauen wurden im Januar 1971 in allen Fällen schuldig gesprochen. Charles „Tex" Watson wurde nur für den Mord am Verwalter verantwortlich gemacht. Alle Angeklagten wurden im März desselben Jahres zum Tode verurteilt. Während des Prozesses gab es Interventionen von Präsident Nixon, und einer der Anwälte wurde ermordet aufgefunden. Später wurden die Todesurteile in lebenslange Haft umgewandelt, einige der Verurteilten suchten sogar um Entlassung auf Ehrenwort an. Patricia Krenwinkles Eltern beschrieben ihre Tochter, bevor sie Manson kennenlernte, als „sanft und ausgesprochen normal".

BEATLE-MANIA

Beim Prozeß, der am 24. Juli 1970 eröffnet wurde, hieß es, Manson sei durch den Text eines Beatles-Songs zu den Morden inspiriert worden. Unter den Blut-Graffitis am Tatort fand die Polizei auch den Titel „Helter Skelter". Die Morde sollten offenbar nach

der Tat militanter Schwarzer aussehen. Manson hatte schon lange Rassenunruhen vorausgesagt und scheint in Eigenregie gehandelt zu haben, als sie nicht eintraten. Angeblich hatte er seinen Anhängern gesagt: „Ich zeig' den Schwarzen, wie man's macht."

ANTON SZANDOR LA VEY

La Vey zelebriert eine Satanshochzeit,
San Francisco, 1967.

Zirkuskünstler, Organist und Polizeifotograf – das sind die eher harmlosen Berufe, die der Gründer eines Satanskultes vorher ausübte: Anton Szandor La Vey, der sich diesen Namen selbst gegeben hatte, war Löwenbändiger und professioneller Organist gewesen, ehe er aus seinem Heim in San Francisco 1966 das Zentrum der „First Church of Satan" machte und sich im Telefonbuch unter „Kirchen, satanische" eintragen ließ. Er hatte auch im Handlesen dilettiert, über mehr Erfahrung im okkulten Bereich verfügte er allerdings nicht.

Trotzdem begann er, Aufmerksamkeit als „Hohepriester des Satans" mit schwarzer Robe, kahlem Kopf,

Bart und Pentagramm auf sich zu ziehen. Sein Zuhause dekorierte er in Schwarz, mit einem Altar, schwarzen Kerzen, Weihrauch, Schwertern und anderen Kultgegenständen. Anfangs hatte er solchen Erfolg mit seiner Öffentlichkeitsarbeit, daß man ihn einlud, die Rolle des Teufels in „Rosemary's Baby", einem Kultfilm der sechziger Jahre, zu spielen. In den siebziger und achtziger Jahren verbreitete sich sein Kult in Amerika und jenseits des Atlantiks, seine Jünger waren meist wohlerzogene Männer zwischen 30 und 40 Jahren. Auch der Entertainer Sammy Davis Junior ge-

hörte zu ihnen. Die Mitgliederzahl der „Church of Satan" war immer schwer zu schätzen, weil sie sich geheimnisvoll gab und ihre Anhänger die Verfolgung fürchteten; es sollen jedoch allein in den USA mehr als 5.000 gewesen sein.

La Veys größtes Vermächtnis für die Nachwelt ist das Buch „Die Satansbibel", die eine Standardquelle für praktische und theologische Informationen für Satansanbeter wurde – die alle grundsätzlich davon ausgehen, daß man die Moral auf den Kopf stellen sollte, daß das Gute schlecht ist und umgekehrt, daß man dem Bösen Tribut zollen und gute Absichten schmähen sollte. Die offizielle Linie ist freilich weniger klar. Sie hält sich an die hedonistischen Prinzipien, die schon Aleister Crowley mit „Tu', was Du willst, ist das einzige Gesetz" formuliert hatte. Damit ist der Befriedigung der menschlichen Natur Tür und Tor geöffnet, man wendet sich dem Anarchismus, der Ablehnung des Establishments, zu. Kindesmißbrauch und Ritualmorde werden allerdings in diesem Zusammenhang heftig bestritten.

Die sexuelle Komponente steht im Ritual an vorderster Stelle; eines der wichtigsten Elemente in La Veys Satansmessen ist die nackte Jungfrau auf dem Altar. Der Grund dafür ist angeblich, daß die durch sexuelle Aktivität freigesetzte Energie für die dunklen Aspekte der Magie erforderlich ist. Nicht alle von La Veys Anhängern sind Männer. Eine der bekanntesten Anhängerinnen aus dem Showgeschäft war Jayne Mansfield, die mit ihrem Geliebten Sam Brody bei einem Autounfall ums Leben kam. Angeblich hatte La Vey neun Monate zuvor Brody verflucht und Mansfield vor den tödlichen Folgen einer anhaltenden Beziehung zu Brody gewarnt.

Auch anderswo spielen Frauen in satanischen Riten eine wichtige Rolle. Die schlanke und meist nur spärlich bekleidete Gestalt der Maddalena Stradivari ziert regelmäßig die Titelblätter der Zeitungen, wenn wieder eine der rund 70 okkulten Sekten Italiens ins Gerede kommt. Stradivari ist Mitglied der „Spiriti Liberi", eines sexuell orientierten Kults, der seine Rituale in Höhlen südlich von Rom praktiziert.

Unter der Anleitung ihrer Großmutter soll Maddalena Stradivari mit 16 Jahren ihre Jungfräulichkeit an einen Hohepriester des Satans verloren haben. Sie ist der Meinung, daß der Liebesakt ein wesentlicher Bestandteil des Satansrituals ist, und meint außerdem, Analverkehr würde einen besseren Stimulus für die Anrufung der

dunklen Mächte bieten als Vaginalsex. Die meisten Satansanhänger werden bestätigen, daß die Anrufung der bösen Geister eine äußerst gefährliche Sache ist und schwerwiegende, negative Folgen haben kann. Es mag darin ein Körnchen Wahrheit liegen oder auch nicht, zweifellos gehört es aber zur Publicity, Satansanbetung als exklusive Angelegenheit darzustellen, die große Macht verleiht. In welchem

Sammy Davis Junior, angeblich ein früherer La Vey-Anhänger.

Ausmaß das Trinken von Blut, die Verbrennung von Kruzifixen, das Ausstoßen von Flüchen und andere rituelle Praktiken dazugehören, wird wohl auf immer hinter dem Schleier des Geheimnisses verborgen bleiben, aber gerade das macht die Anziehungskraft des Satanskults aus.

Klaus Werner vor dem Londoner National Hospital, 6. März 1996.

Es besteht ungesundes und wachsendes Interesse an Kulten, die das Böse wollen – so wird üblicherweise der Satanskult definiert. Was um Charles Manson ans Licht kam, war nicht neu und auch nicht das Ende der Geschichte. Die schwarzen Künste werden in verschiedenen Formen weiter praktiziert. Am äußersten Ende der Skala steht die Gewalt, die die Anhänger gegen sich selbst oder andere richten, wie sich in den Morden an Sharon Tate und ihren Freunden und Nachbarn in der Hippie-Ära

zeigte. Eine unbekannte Zahl von einzelnen und Kleingruppen praktiziert Schwarze Magie. Es ist auch ein offenes Geheimnis, daß Aleister Crowleys okkulte Sekte „Ordo Templis Orientis" in Großbritannien und den USA immer noch aktiv ist. Bemerkenswert schnell und einfach findet man Bücher über satanische Rituale in allen größeren Buchhandlungen. Aleister Crowleys „Buch des Gesetzes" ist

nach wie vor über den Buchhandel zu beziehen. Anfang des Jahres 1996 sah man einen Exzentriker, der die Mitglieder des britischen Königshauses verfolgt, mit einem großen Foto von Königin Elizabeth II., dem die Zahl 666 auf die Stirn geschrieben war – dem biblischen Zeichen des Großen Tiers. Aber all das sind nur äußere Zeichen.

Es ist noch nicht erwiesen, in welchem Maß man Kindesmißbrauch und Satanskult in Verbindung bringen kann, aber die Idee des Kinderopfers für die dunklen Mächte ist uralt. Das einzige, das man mit Sicherheit sagen kann, ist, daß es viele Darstellungen und Gegendarstellungen gibt.

Berechnungen ergaben, daß etwa zehn Prozent aller Okkultisten dem Satanskult anhängen, was soviel bedeutet wie 10 – 20.000 Personen allein in Großbritannien, die meisten Männer zwischen 20 und 30 Jahren. Jedoch nicht alle Anhänger sind vom Schlag eines Charles Manson. Am anderen Ende der Skala findet man die leicht skurrilen Gestalten, bei denen das Böse eher nur in Ansätzen vorhanden ist. Zu ihnen gehört John Kilminster, der die „English Church of Satan" gründete. Die Mitglieder warb er durch ein Inserat in der lokalen Zeitung. Die erste Versammlung hielt Kilminster im örtlichen Fast Food-Restaurant ab. Den Interessenten bot er Programme wie etwa „Zum Werwolf im Selbststudium" an.

Es stellte sich langsam heraus, daß Kilminster keine Ahnung vom Satanskult hatte und seine Kultanhänger, Herren im besten Alter, eher an der Möglichkeit zum außerehelichen Sex interessiert waren als an Luzifer, und auch einige Frauen schlossen sich an. Kilminster konnte seine Aktivitäten bemerkenswert lange vor seiner Frau verbergen. Er suchte offenbar eher nach Lustbefriedigung und nach einem Publikum für seine harmlosen, von gelegentlichen „Heil Satan"-Rufen unterbrochenen Reden. Wie La Vey in den USA verwandelte er seine Werkstatt nach Geschäftsschluß in einen Satanstempel, mit einem schwarz drapierten Altar, schwarzen Kerzen, Weihrauch und Pentagrammen. Eines seiner liebsten Rituale war es, sich „scheintot" in einen Sarg zu legen, während die anderen, nur mit schwarzen Roben bekleidet, um ihn tanzten und auf seine Auferstehung warteten. Mit fortschreitendem Abend folgte – wie der

Zauberer bringen dem Teufel ein Kind dar.

fast kahle und bärtige Kilminster es nannte - ein „Fest der Wollust".

Als er im Dezember 1995 wegen Drogenbesitzes vor Gericht stand, gab Kilminster zu, mit zwei Kultanhängerinnen und der ehemaligen Satansbraut Shiva Sex gehabt zu haben. Er verliebte sich jedoch so sehr in Shiva, daß er sie mit Drohanrufen belästigte, als sie ausstieg. Sie behauptete, er habe ihr Methadon in die Getränke gemischt, um sie gefügig zu machen. Es zeigte sich, daß Kilminster die Getränke aller Mitglieder mit vermeintlichen Aphrodisiaka versetzt hatte; die Hausdrinks hießen bezeichnenderweise „Red Rooster" (für die Männer) und „Lady Passion" (für die Damen).

Die Geschichte des 36jährigen Keith Bramble ist weniger komisch. Er war davon überzeugt, die Inkarnation des Teufels zu sein, und verwendete zehn Jahre lang seine übernatürlichen Fähigkeiten dazu, um seine wohlhabenden Nachbarn in den Grafschaften um London zu terrorisieren und zu berauben. Er wurde als Berufsverbrecher beschrieben, der sich mehr als eine Million Pfund erwirtschaftet hatte. Keith Bramble schüchterte seine Opfer mit dem Hinweis auf seine teuflischen Kräfte ein und behauptete, vor der Strafverfolgung gefeit zu sein.

Hollywood hat mit Filmen wie den „Omen"- und „Damien"-Serien viel dazu beigetragen, das Image des Satanskultes zu fördern. Brutale Videos haben ihren Teil getan, um leicht beeinflußbaren Menschen falsche Vorstellungen zu vermitteln, und verschiedene Pop- und Rockgruppen versetzten ihre Lieder und Videoclips mit satanischen Elementen.

> *„Wenn ihr glaubt, daß ihr bei mir wirkliche Zaubersprüche bei Kerzenschein lernt und Katzen gesundbeten könnt, vergeßt es."*
> JOHN KILMINSTER

„Der König sprach und sagte: ‚Ist dies nicht das grosse Babylon, das ich gebaut habe für das Haus des Reiches mit all meiner Macht und zu Ehren meiner Majestät?'"

(Daniel, 4,30)

■

Liest man die Berichte über die außergewöhnlichen Ereignisse, die sich im Zusammenhang mit religiösen Kulten zugetragen haben – Massenselbstmorde, tödliche Giftgasanschläge, Bombenlegungen – so fragt man sich als Außenstehender zumindest: „Welcher Einfluß ist so stark, daß normale und intelligente Wesen zu derartig extremen Verhaltensweisen getrieben werden?" Es ist nicht zu leugnen, daß irgend etwas in der Persönlichkeit der Anführer liegt, das sie von anderen unterscheidet. Es ist vielleicht auch kein Zufall, daß fast alle Gründer und Auslöser religiöser Kulte Männer sind. Wer mit solchen Endzeitpropheten oder Gurus in direkter Verbindung stand, beschreibt sie als charismatische Persönlichkeiten mit geradezu magnetischer Anziehungskraft, denen ihre Anhänger in Kürze verfallen sind und sich nicht entziehen können. Was den Habitus, das Alter, den Hintergrund und den Intellekt der einzelnen Kultführer angeht, gibt es jedoch offensichtlich wenige Berührungspunkte.

Eine Frage, die sich ein Psychiater bei der Untersuchung einiger der extremsten Handlungen im Zusammenhang mit dem „Messias-Phänomen" stellen könnte, ist, ob die Geistesstörung beim Guru oder bei den Anhängern stärker ausgeprägt ist. Waren es allein die Führer des „Sonnentempels", Luc Jouret und Joseph di Mambro, auf deren Geistesstörung es zurückzuführen war, daß sie Dutzende Anhänger dazu brachten, Drogen zu schlucken und Selbstmord zu begehen, oder waren es ihre Jünger, die geistig labil waren?

DIE HEROLDE DES JÜNGSTEN TAGES

Charles Taze Russell, der Gründer der „Zeugen Jehovas", denen heute angeblich drei Millionen Menschen weltweit angehören, wurde in Pittsburgh in einer Familie tiefgläubiger Presbyterianer geboren. Mit elf Jahren brach er die Schule ab und trat bei seinem Vater in den Textilhandel der Familie ein – seine Mutter war bereits 1861 gestorben. Schon in seinen frühen Jahren gehörte er verschiedenen christlichen Sekten an, wie den „Independenten" und den „Adventisten", und beschäftigte sich intensiv mit fernöstlicher Mystik.

Bereits im Alter von 18 Jahren faßte er in einem Amerika des christlichen Fundamentalismus die tiefe Überzeugung, daß der Weltuntergang und die Wiederkunft Christi unnmittelbar bevorstanden. Er glaubte auch, Christus sei als unsichtbare Erscheinung bereits seit dem Jahr 1874 auf der Erde. Dies stimme mit den Prophezeiungen bei Daniel und in der „Offenbarung" überein, wo es hieß: „...und ich, Daniel, sah allein die Vision: denn die Männer, die mit mir waren, sahen sie nicht, ein großes Zittern befiel sie, und sie flohen und versteckten'sich." (Daniel 10,7)

Um die Menschheit darauf vorzubereiten und die Botschaft zu verbreiten, gab er im Jahr 1879 das Magazin „Der Wachtturm Zions und Herold der Gegenwart Christi" heraus. Später wurden daraus die zwei bekannten Publikationen „Der Wachtturm" und „Erwache!" – Mitglieder

Charles Taze Russell (1889).

der Sekte gehen mit diesen Magazinen noch heute von Tür zu Tür. Mit der Hilfe seiner Frau Maria produzierte Charles Taze Russell Unmengen unheilschwangerer Pamphlete und ließ sie durch seine ergebenen Jünger an Leichtgläubige verteilen.

SEINE PROPHEZEIUNG

•

Russell hatte Elemente aus den Weltuntergangsideen ähnlicher Gruppen übernommen und durch selbstgebastelte ergänzt. Doch kaum etwas an seinem Gedankengut war wirklich neu, und er verkündete, daß die Zweifler der Vernichtung anheimfallen würden. Nur die wahren Gläubigen würden vom Jüngsten Gericht verschont – lediglich 144.000 von ihnen sollten es schaffen, ins Paradies zu gelangen, die übrigen würden eine vom Bösen gesäuberte Erde bevölkern.

Russell hatte sich wie viele andere Prediger des Evangeliums ebenfalls auf das risikoreiche Spiel der Prophezeiung eingelassen. Sein Erfolg beruhte vor allem auf dem geschickten Vertrieb seiner Publikationen und seinem ausgeprägten Verkaufstalent. Christus, so meinte er, habe ihm eine Warnung zukommen lassen, daß das Ende der Welt schon 1914 eintreten werde. Andere Propheten blamierten sich mit solchen Daten, wenn die Erde nicht unterging. Russell hingegen gelang es, einen Sündenbock für seine falsche Voraussage zu finden - die Cheopspyramide in Gizeh. Die Pyramide ist inzwischen mit großer Präzision vermessen worden, sie ist 147 Meter hoch und steht auf einer Grundfläche von 230 Quadratmetern. Damals gab sie noch reichlich Anlaß zu heftigen Debatten. Russell rechnete einfach die Längenmaße der Pyramide in Zeit um, behauptete dann, seine Berechnungen revidieren zu müssen und konnte damit geschickt das Ende der Welt für seine Zwecke auf weiteres hinauszögern. Als sich im Jahr 1914 kein Donnergrollen erhob, um vom Ende der Welt zu künden, meinte er, die Messungen müßten wohl noch einmal geprüft werden.

Russell starb 1916 in einer vom Ersten Weltkrieg zwar erschütterten, aber noch immer existierenden Welt. Er hatte keinen offiziellen Nachfolger ernannt. Inzwischen hatten seine besonders eifrigen Anhänger, die die vorsichtigen Zwischentöne in seinen Aussagen nicht beachteten, ihr Hab und Gut allerdings schon verkauft.

J.F. RUTHERFORD, DER RICHTER

•

Russells Nachfolger wurde nach längerem internen Hickhack Joseph Franklin Rutherford, ein New Yorker Anwalt, der die „Zeugen" in mehreren Prozessen vertreten hatte und sich selbst „Richter" nannte. Er wurde im Ersten Weltkrieg wegen Aufwiegelung festgenommen, weil er mit pazifistischer Gesinnung gegen Priester auftrat, die für ein Eingreifen der USA in den Krieg waren. Das Urteil lautete auf 20 Jahre Haft, Rutherford wurde jedoch nach weniger als einem Jahr entlassen. Zu dieser Zeit war das Ende der Welt für 1925 angesetzt, und je näher das Jahr rückte, desto fieberhafter wurden weltliche Besitztümer verkauft. Das Ausbleiben des Jüngsten Tages brachte zwar ein paar Buhrufe, aber während der Wirtschaftskrise in den dreißiger Jahren hatten die „Zeugen" wieder mehr

Zeugen Jehovas, Abschlußfeier – Yankee Stadium, New York City, 1950.

Glück. Rutherford kaufte ein Grundstück in Kalifornien, das er für die Väter aus dem Alten Testament treuhänderisch verwalten ließ, da diese seiner Prophezeiung nach auf die Erde zurückkehren würden. Andere Formen des Christentums verdammte er immer mehr, und seine despotische Ader wurde immer stärker, so daß ihn seine Frau und sein Sohn schließlich verließen.

Den Namen „Zeugen Jehovas" verlieh Rutherford seinen Anhängern erst im Jahr 1931. Er stiftete sie dazu an, die amerikanischen Steuer- und Hausiergesetze zu mißachten. Nach seinem Tod war die Sekte einer Welle von Angriffen von Staat und Kirche ausgesetzt.

CHARLES MANSON

Der selbsternannte „Gott und Teufel" wurde nicht so sehr als Gründer eines Kultes bekannt als vielmehr für die Anstiftung zu brutalen Ritualmorden mitten im Glamour von Hollywood. Seine Tat war um so mehr ein Fressen für die Sensationsberichterstattung, als sein Opfer eine schwangere Schauspielerin und auch die Frau eines gefeierten Filmregisseurs war.

Charles Manson wurde im Jahr 1935 geboren. Er war ein sehr schlechter Schüler, brach seine Ausbildung als halber Analphabet ab und speicherte immer mehr Wut auf seine Umgebung in sich. Bis Ende der sechziger Jahre war er unauffällig. Mit 34 Jahren, in einer Zeit, als freie Liebe und alternatives Leben unter den Jugendlichen Kaliforniens sehr beliebt waren, zog seine hypnotische Erscheinung mit den schwarzen Hippielocken, dem Vollbart und den durchdringenden dunklen Augen die ersten Anhänger in seinen Bann. Damals lebte er in Height Ashbury, einem heruntergekommenen Vorort von San Francisco, wo sich die Aussteiger der Stadt sammelten.

Seine Philosophie war einfach und letzlich nichts als eine Imitation der hedonistischen Maximen schwarzer Magier wie Aleister Crowley. Für ihn waren alle Menschen Gott und Teufel zugleich. Zu seinen bizarren Theorien gehörte auch, daß Morde nichts Böses waren, weil man dabei nur einen Teil des eigenen Ichs tötete. Seine Anhänger, meinte er, stünden über dem Gesetz, weil sie von Gott gelenkt würden – eine vertrau-

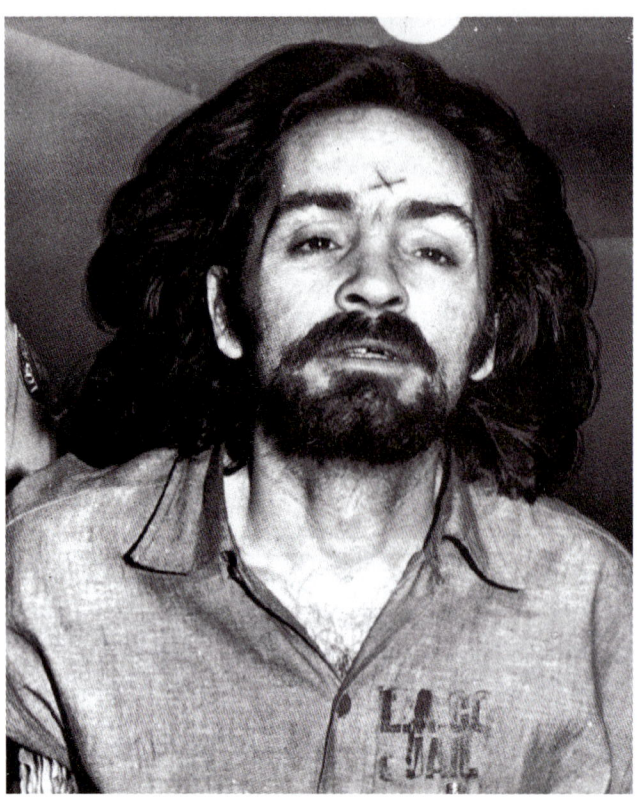

Charles Manson.

> „Es gibt weder das Gute noch das Böse, kein Verbrechen und keine Sünde. "
> (CHARLES MANSON)

te Argumentation, die viele Sektenführer in späteren Jahren wiederholen sollten.

Manson war von der schwarzen Magie fasziniert und hielt seine Schäfchen durch den Glauben an seine übernatürlichen Kräfte völlig unter Kontrolle. Was er anordnete, wurde ohne Widerrede durchgeführt. Wer ihn gut kannte, beschrieb ihn als launenhaft und betont langsam in seinen Bewegungen. Aufgrund seiner enormen sexuellen Gier hatte er bei seinen Anhängerinnen den Ruf eines hervorragenden Liebhabers. Um seine Bedürfnisse zu befriedigen und seine Kontrolle über

alle zu untermauern, vereinnahmte Manson alle Frauen in der Kommune als sein persönliches Eigentum. Die vielen anderen Männer durften sie gelegentlich mit ihm teilen, wurden aber dadurch ebenfalls Mansons Eigentum. Die Kommune-Frauen wurden daher allenfalls auch zum Sex mit Männern abkommandiert, die Manson für seine Zwecke gewinnen wollte.

Manson predigte Gewalt. Er haßte die Gesellschaft im allgemeinen – die Schwarzen, die Weißen, das Establishment, die Justiz, den Luxus und Reichtum in Hollywood und vor allem die gesamte Filmindustrie. Während das menschliche Leben für ihn wertlos schien, waren Tiere für ihn sakrosankt. Das ganze Gebiet im Death Valley, in dem die Kommune ihren Sitz hatte, war voller Schlangen und Ungeziefer, die unter keinen Umständen getötet werden durften.

DIE MORDE

•

Am 9. August 1969 befahl Manson vieren seiner Anhänger, einem Mann und drei Frauen, eine davon war schwanger, im Haus von Roman Polanski fünf Unschuldige brutal zu ermorden – darunter die schwangere Schauspielerin Sharon Tate – und am nächsten Tag die beiden Nachbarn auf identische Weise umzubringen. Für diese Morde gab es eine Reihe von seltsamen Begründungen. Es wurde behauptet, Manson habe die Schwarzen gegen die Weißen aufwiegeln und die Morde nach einer

Tat militanter Schwarzer aussehen lassen wollen. Eine andere Variante verweist auf einen Liedertext der Beatles als Inspiration, dann wiederum heißt es, er sei auf den Vormieter des von Polanski und Tate gemieteten Hauses wütend gewesen. Auch Polanski stand im Verdacht, selbst an einer Drogenorgie beteiligt gewesen zu sein, die außer Kontrolle geriet – er bestritt diese Version jedoch heftig.

DIE FOLGEN DER MANSON'SCHEN BRUTALITÄTEN

•

Manson wurde im Oktober 1969 mit einer Anhängerin auf dem Gelände seiner Kommune im Death Valley festgenommen. Er behauptete, nur die gerechte Strafe und Befreiung für wohlhabende Menschen verhängt zu haben. Sich selbst bezeichnete er als die Reinkarnation von Gott, Christus und Satan zugleich. Am 8. De-

zember wurde er in Los Angeles mit vier Anhängern wegen Mordes unter Anklage gestellt. Er trat kurz danach in den Hungerstreik und bestand darauf, sich beim inzwischen vertagten Prozeß selbst verteidigen zu dürfen. Er wurde jedoch gezwungen, einen Anwalt zu akzeptieren. Der Prozeß begann am 24. Juli 1970. Am 12. Januar 1971 wurde Manson wegen Mordes für schuldig befunden und daraufhin am 30. März zum Tode verurteilt. Er blieb in der Todeszelle, bis seine Strafe in lebenslange Haft umgewandelt wurde.

Charles Manson war zweifellos einer der schlimmsten Kultführer der jüngeren Vergangenheit. Auch andere mögen an Ritualmorden beteiligt gewesen sein, keiner jedoch mordete unter so spektakulären Umständen und hatte so bekannte Opfer. Heute, im Jahr 1996, schreibt er in der Haft Lieder und Texte und ver-

Nach den Morden von Los Angeles.

KULTANHÄNGER?

Es wurde behauptet, Charles Manson sei einer der begeisterten Anhänger einer Scientology-Splittergruppe unter der Leitung von Robert und Mary Ann Moor mit dem Namen „The Process" gewesen. Diese Aussage wurde auch von der „New York Times" gestützt. Die Zeitung berichtete, daß Manson während seiner Haft etwa 150 Stunden Beratung oder sogenanntes „Auditing" von Scientologen erhalten haben soll.

treibt ein Fitneßvideo, eine insgesamt seltsame Mischung aus Kommerz und Buße. Sein Manager Fred Zalemond meint dazu: „Es tut Charlie leid, daß er gemordet hat. Jetzt will er die Menschen vor Herzschlägen und Schlaganfällen schützen und Leben retten."

LAFAYETTE RONALD HUBBARD

Wenigen ist es gelungen, in der Sektenszene so viel Aufmerksamkeit auf sich zu lenken wie L. Ron Hubbard, der Gründer der „Scientology-Kirche" – und nicht nur, weil seine Sekte zu den größten und reichsten des 20. Jahrhunderts gehört.

DER WERDEGANG DES SEKTENFÜHRERS

•

Lafayette Ron Hubbard wurde im Jahr 1911 in Tilden, Nebraska, geboren und wuchs in einer durch starke Bindungen gekennzeichneten Familie in Montana auf. Er lebte keineswegs – wie das in der Scientology-Literatur verbreitet wird – auf der Ranch seines reichen Großvaters. Hubbards Vater war kurz in der US-Marine, und der jugendliche Ron reiste mit seiner Mutter in den zwanziger Jahren zweimal nach Guam, um den Vater bei seiner Einheit zu besuchen. Ron studierte an der George Washington University Molekularphysik, brach das Studium aber ab und verbrachte seine Zeit mit dem Verfassen von mittelmäßiger Science-fiction, Drehbüchern und Geschichten für Zeitschriften. Während des Zweiten Weltkriegs trat er in die Fußstapfen seines Vaters und ging zur Marine. Seine Soldatenkarriere verlief ohne Höhen und Tiefen, auch wenn die Medienmaschinerie der „Scientology-Kirche" ihn später zum Kriegshelden hochstilisierte. Er kam jedoch nie mit dem Feind in Berührung und beendete seine aktive Laufbahn aus gesundheitlichen Gründen wegen

Lafayette Ron Hubbard.

> **„Am wenigsten frei ist der, der sein eigenes Tun verbergen muß und gegen die Aufdeckung der bösen Taten anderer protestiert. Auf solche Menschen baut die politische Versklavung der Zukunft auf."**
> (L. RON HUBBARD)

eines hartnäckigen Zwölffingerdarmgeschwürs.

Seine erste Ehe zerbrach, als er seine Frau und zwei Kinder verließ und in einer illegalen Zeremonie die frühere Geliebte seines Freundes Jack Parsons, Sara Elizabeth Northrup, heiratete. Parsons war Weltraumtechniker, aber auch mit Magie und Satanskult beschäftigt und ein Schüler des Engländers und bekannten

Schwarzen Magiers Aleister Crowley. Durch Jack Parsons entwickelte Lafayette Ron Hubbard ein starkes persönliches Interesse an Kulten.

Unter heftigen Anschuldigungen der Grausamkeit verließ Hubbard seine zweite Frau und entführte Tochter Alexis, bis ein Vergleich mit Sara zustandegekommen war. Zu diesem Zeitpunkt nahmen die Stiftungen beträchtliche Summen ein, und Hubbard ritt – von den persönlichen Problemen abgesehen – auf der Erfolgswelle.

DIE „SCIENTOLOGY-KIRCHE"

•

Er entwickelte eine neue Richtung seiner ungewöhnlichen „Wissenschaft des Geistes" und fand „Scientology", eine esoterische Theoriemischung aus Science-fiction, Theologie und Physik, deren Einzelheiten von Anfang an geheimnisumwittert waren. Auf dieser pseudowissenschaftlichen Grundlage baute seine Religion, die „Scientology-Kirche", auf. Er behauptete, daß unsere Körper eine vorübergehende Hülle für die mächtigen Thetaner sind, die seit 75 Millionen Jahren in den unterschiedlichsten Formen durch die Galaxis reisen. Thetaner können durch sogenannte Engramme beeinflußt werden, die aus verschiedenen Quellen stammen und deren Vorhandensein mit einem von Hubbard erfundenen elektrischen Gerät, dem E-Messer, festgestellt werden kann. Die Engramme werden durch Psychotherapie und Beichte, bei den

DIE DIANETIK

Einen ersten Durchbruch erlebte Hubbard 1949, als die Zeitschrift „Astounding Science Fiction" seinen Artikel zum Thema „Dianetik, die Wissenschaft des Denkens" herausbrachte. Nach dem durchschlagenden Erfolg seiner neuen Theorie schrieb er seinen ersten Bestseller über Dianetik, in dem er erklärte, wie man diverse psychosomatische Erkrankungen von Arthritis bis Alkoholsucht dadurch überwinden konnte. Er gründete in der Folge die „Hubbard Dianetik- und Forschungsstiftungen".

Scientologen als „Auditing" bezeichnet, abgebaut.

Einen ersten offenen Angriff gegen Hubbard führte 1959 sein ältester Sohn Ron Junior, genannt „Nibs", der seinen Vater öffentlich als verrückt bezeichnete. Hubbard wiederum behauptete, seine Tochter Alexis sei möglicherweise Jack Parsons' Kind. Ende der sechziger Jahre heiratete er seine dritte Frau Mary Sue.

DER RUHESTAND
AUF DER RANCH
IN FLORIDA
•

Nach seinem Rückzug von der Leitung der Scientology-Kirche, über deren Gelder er jedoch weiterhin die Kontrolle behielt, gründete Hubbard 1967 „Sea Org", einen Ableger der „Scientology" zur See. Er bemannte drei Schiffe mit Anhängern und fuhr durch die Karibik und das Mittelmeer. Zu dieser Zeit umgab er sich mit jungen Sektenmitgliedern, darunter vielen Frauen, den „Boten des Commodore", die ihm jeden Wunsch von den Augen ablasen und als innerer Kreis seiner Organisation langsam die Macht übernahmen, als Hubbard alt wurde. Er kehrte 1975 aufs Festland zurück, hatte die erste seiner beiden Herzattacken und ließ sich, umgeben von treuen „Boten", auf einer Ranch bei Palm Springs, Florida, nieder.

Hubbards zweiter Sohn Quentin beging im Jahr 1976 tragischerweise Selbstmord, weil er erkannte, daß die Scientology-Kirche seine Homosexualität nicht tolerieren würde. Hubbard erlitt 1978 einen zweiten Herzinfarkt; zu diesem Zeitpunkt häuften sich die Anzeichen für verdeckte Ermittlungen der US-Behörden in der Sekte. Seine Frau Mary Sue und andere Mitglieder waren 1980 in eine Abhör- und Diebstahlsaffäre verwickelt. Zahlreiche Unterlagen verschwanden aus Büros der Behörden, was zu Festnahmen und Haftstrafen führte. Mary Sue Hubbard verbüßte 1983 ein Jahr Haft, nachdem eine ganze Reihe von Berufungen erfolglos geblieben waren.

L. Ron Hubbard verschwand 1980 mit einer kleinen Gruppe von „Boten" praktisch von der Bildfläche und genoß trotz schlechten Gesundheitszustandes ein luxuriöses Leben, das von der Scientology-Kirche finanziert wurde. Er starb im Jahr 1986 an einem Schlaganfall.

Lafayette Ron Hubbard und sein Engramm-Messer.

DIE SWAMIS VON HARE KRISHNA

Der erste Guru, der den Krishnakult der Hindus in die USA brachte, war Prabhupada, ein pensionierter Geschäftsmann, der den Großteil seines Lebens als Leiter eines Chemiewerks in Kalkutta verbracht hatte. Im Alter von 69 Jahren kam er 1965 mit einem von einem Gönner bezahlten Ticket und kaum Hab und Gut, abgesehen von einem Koffer voller religiöser Bücher, in die Vereinigten Staaten. Ein Rückflugticket hatte er allerdings nicht. Er fühlte sich berufen, die Verbreitung der Krishna-Verehrung in der westlichen Welt voranzutreiben.

Anfang unseres Jahrhunderts hatte Pradhupada ein Philosophie-, Wirtschafts- und Englischstudium abgeschlossen. Er schloß sich im Jahr 1922 der damals in Indien wiedererstarkenden Krishna-Erneuerung an. In den Jahren vor und nach dem Zweiten Weltkrieg übersetzte er zahlreiche religiöse Texte ins Englische, nachdem ihn sein Swami angewiesen hatte, „Krishna dem Westen bewußt zu machen". Im Jahre 1959 wurde er ein „Sanyasin", ein

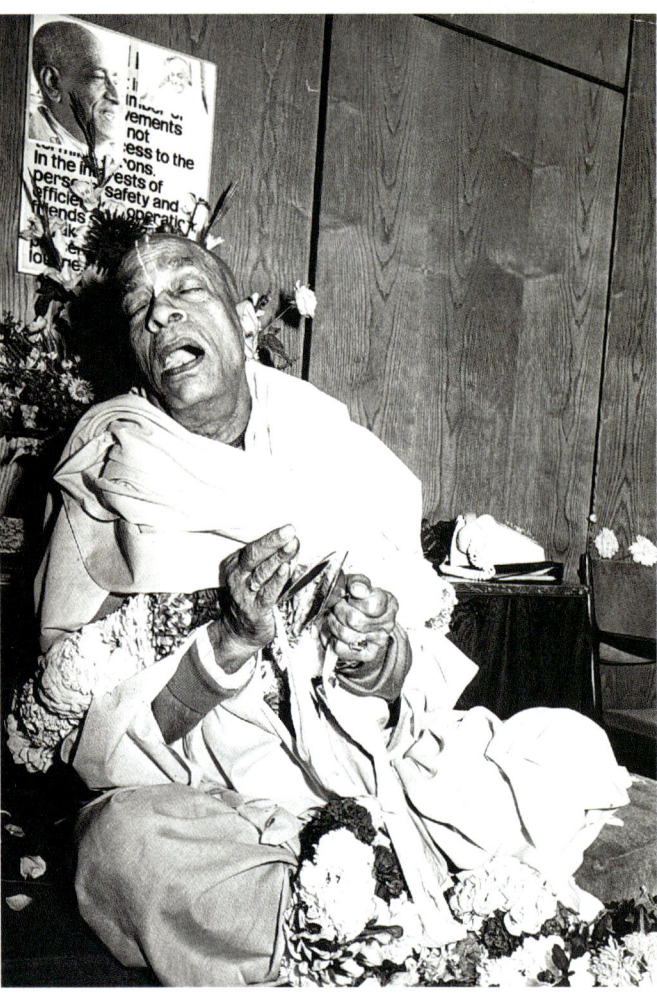

Mitglied der Hare Krishna-Bewegung.

religiöser Asket, der alles Materielle zurückläßt, um ausschließlich für den Glauben zu leben.

In New York gewann Pradhupada bald eine beträchtliche Anzahl von Anhängern unter den Intellektuellen und Hippies, die dringend eine neue spirituelle Perspektive brauchten. Seine Vorträge waren bald bekannt, sie verlangten ein strenges Moralbewußtsein und verkündeten eine fundamentalistische Doktrin, in der es keine Aufputschmittel und auch keine sexuelle Befriedigung gab. Man lebte vegetarisch und verzichtete auf viele weltliche Werte.

DIE ISKCON
•

Seine Mission war so erfolgreich, daß er im ersten Jahr ISKCON, die „Internationale Gesellschaft für Krishna-Bewußtsein", gründete. Im Jahre 1968 erhielt Großbritannien seine ISKCON-Niederlassung, zunächst in London, dann auf einem herrlichen Anwesen bei Watford in Hertfordshire, das von Beatle George Harrison zu einem Schleuderpreis verkauft wurde. Bis 1973 war die Zahl der Regionalzentralen in der westlichen Welt auf 68 gestiegen, die Sekte vereinte ungefähr 3.000 Anhänger, die sich mit ihrem ganzen Vermögen eingekauft hatten. Swami Prabhupada reiste um die Welt und predigte bis zu seinem Tod im Jahr 1977 nimmermüde das Krishna-Bewußtsein.

Als er fühlte, daß er nicht mehr lange zu leben hatte, gründete er die sogenannte „Internationale Führungskommission". Der Name war eine etwas übertriebene Bezeichnung für 29 junge Intellektuelle und Aussteiger. Leider hinterließ er keine klare

> *„Die Himmel mögen herabfallen, die Himalayas sich spalten,*
> *die Erde sich auftun oder das endlose Meer vertrocknen,*
> *aber wahrlich, ich sage Euch, meine Worte werden bestehen.*
> *Dies schwöre ich.*
> *Um die Gerechten zu schützen,*
> *die Bösen zu vernichten und das Gesetz zu verteidigen,*
> *werde ich immer wieder auf der Erde geboren."*
>
> (AUS DEM MAHABHARATA: KRISHNAS SCHWUR)

Aussage darüber, wer seine Nach-
folge antreten sollte. Die „Hare Krishna-Bewegung" – unter diesem Namen war die Sekte nun allgemein
bekannt – stand vor dem Imperium,
das Pradhupada gegründet hatte. Es
gab ein sattes Plus auf dem Konto,
aber keinen Anführer. Die Kommis-
sionsmitglieder verfügten über Schlau-
heit und Ehrgeiz, hatten aber wenig
Ahnung vom Geschäft. Sofort behaupteten elf der 29 Kommissionsmitglie-
der, der Swami hätte sie auf dem To-
tenbett zum Nachfolger ernannt. Ihr
Sprecher war Keith Ham, auch Kir-
tanananda, der erste von Pradhupadas
eigenen Sanyasin und einer der frühesten amerikanischen Jünger. Er
übernahm letztendlich die Macht und
scharte seine eigene, streng geführte
Krishna-Bewegung mit dem Namen
„New Vranidavan", um einen herrlichen Marmortempel, den er mehr
oder weniger in Sklavenarbeit von

*Hare Krishna-Jünger ziehen
durch Moskau.*

seinen Anhängern in West Virginia
hatte bauen lassen. Von dort aus gibt
er seine Anweisungen an ISKCON-
Stellen auf der ganzen Welt.

DER MACHTKAMPF

•

Von Kirtananandas Machtübernahme
an wurde die Bewegung von mehreren Morden erschüttert, darunter Er-
schießungen und sogar eine Enthauptung. Eine abtrünnige britische Gruppe unter der Führung des sexhungri-
gen, LSD-süchtigen James Immel, genannt „Jayatirtha", entstand 1982 und
fand mit der Enthauptung des An-
führers durch das Sektenmitglied John
Tiernan 1987 ihr Ende. Tiernan war
wie Immel LSD-abhängig und beging den Mord vermutlich im Dro-
genrausch. Er gab an, es wegen Im-

mels Plan zur Einrichtung eines persönlichen Harems getan zu haben,
der der eher ablehnenden Haltung
des Prabhupada gegenüber Frauen in
der ISKCON widersprach. Tiernan
war der Bewegung 1975 beigetreten
und hatte den Namen „Navanita Co-
ra" angenommen. Nach seiner Verurteilung wurde er in eine Anstalt
für geistig abnorme Rechtsbrecher
eingewiesen.

Derzeit gibt es in Großbritannien
mehrere Anwärter auf den Titel des
Swami. Bhagawat Ashraya, ein Anhänger des ISKCON alten Stils, steht
an der Spitze der Londoner Gruppe.
Ein Amerikaner namens Shiva Rama,
der den Haupttempel in Hertfordshire
führt, der heute „Bhaktivedanta Ma-
nor" heißt, und der schottische Guru
Bala Bhadra haben einen harten Kern
eigener Anhänger aufbauen können.
Der Machtkampf wird auf der ganzen Welt weitergeführt.

SWAMI RAJNEESH

Bhagwan Shree Rajneesh wurde als Rajneesh Chandra Mohan, ältestes von 13 Kindern, in einer Bürgerfamilie in Indien geboren. Er wurde von den Großeltern erzogen, die ihn verwöhnten. Er studierte an der Universität von Jabalpur, wo er als schwieriger Student galt, Philosophie und unterrichtete in diesem Fach zehn Jahre lang, bis er anschließend das Leben eines spirituellen Lehrers oder Gurus aufnahm. Bhagwan Shree Rajneesh wurde als Intellektueller, progressiver Schriftsteller und Dichter anerkannt, behauptete aber, mit dem intellektuellen Denken nicht einverstanden zu sein und den Weg der Meditation und Mystik zu bevorzugen.

Nachdem er sich selbst zum Guru gemacht hatte, zog er rasch junge Anhänger an, die er mit seiner charismatischen Persönlichkeit fesselte. Er lehrte sie Meditation und totale kritiklose Ergebenheit – in einer Art religiöser Gehirnwäsche. Mit anderen Kultführern hatte er gemeinsam, daß er seine sexuellen Bedürfnisse über seinen nahezu hypnotischen Einfluß auf Frauen befriedigte. Er verbreitete die Lehre, daß Sex die Tür zum Göttlichen öffnete. Die Zeugung unter seinem Einfluß würde eine neue Generation von Jüngern hervorbringen, die nach den Gemeinschaftvorstellungen der siebziger und achtziger Jahre heranwachsen konnten. In seinem Umfeld verkündete er, daß sich Gut und Böse nicht von-

In sich gekehrt –
Bhagwan Shree Rajneesh.

> **„Dreh Dich**
> **auf den Bauch,**
> **so daß Dein**
> **nackter Nabel**
> **die Erde berührt …**
> **drück Dich an die Erde,**
> **verschmilz mit ihr**
> **und denk**
> **an Deine Kindheit,**
> **als Dich Deine Mutter an**
> **die Brust drückte.“**
>
> (SWAMI RAJNEESH:
> AUS DER WIRBELMEDITATION)

einander unterschieden. Seiner Meinung nach seien sie nur durch verzerrte Prinzipien zu gegensätzlichen Wertvorstellungen geworden.

DER KULT WÄCHST
•

Anfang der siebziger Jahre richtete Rajneesh das Zentrum des Kultes in Bombay ein. Viele westliche Aussteiger und junge Menschen auf der Suche nach Glaubensalternativen wurden seine Anhänger. Sie reisten für ihn als Schmuggler und verkauften in Europa Drogen. Die Einnahmen aus diesen illegalen Geschäften flossen zurück auf die Konten des Bhagwan nach Indien. Auf dem Subkontinent stand er im Mittelpunkt der Kritik, weil er andere geistige Führer wie Mutter Theresa und Gandhi systematisch schlecht machte und schmähte. Sein selbstverliehener Titel Bhagwan („Meister der Vagina") und die Sexspiele seiner Anhänger an den Stränden führten zu weiteren Schwierigkeiten. Er übersiedelte mit dem Kult im Jahr 1974 nach Poona, wo seine Anhänger sich in rosafarbene Gewänder kleideten und – zumindest für Fernsehkameras und Reporter – Freude verströmten. Die Begegnungsübungen – bei denen die Anhänger durch Angriffe auf andere ihre Frustrationen abbauen sollten – fanden im geheimen statt, ebenso die sexuelle Meditation, die nach der Rajneesh-Philosophie der Vollkommenheit durch freie Liebe und sexuelle Hemmungslosigkeit funktionierte.

Ende der siebziger Jahre ermittelten die indischen Behörden wegen versuchten Versicherungsbetrugs und Steuerhinterziehung gegen Rajneesh. Er setzte sich rechtzeitig in die USA ab und siedelte sich nahe der Kleinstadt Antelope im Wasco County an. Die Ranch dort kostete stolze sechs Millionen Dollar. In kürzester Zeit hatte der Kult in der Gegend enorm an Einfluß gewonnen, während Rajneesh seine Schäfchen durch psychische Beeinflussung, Einschüchterung und brutale Gewalt unter Kontrolle hielt.

DIE SEIFENBLASE PLATZT

Rajneesh zog sich bald zurück und ließ seine Anweisungen durch seine rechte Hand aus Indien, mit Kultnamen Ma Anand Sheela, verbreiten. Er lebte jedoch im offensichtlichen Luxus und fuhr im Rolls Royce vor, während seine Jünger in Armut leb-

Der private
Rolls Royce-Fuhrpark.

ten und unter Entbehrungen litten. Die Seifenblase platzte im Jahr 1985, als Rajneesh sich mit den meisten Vertrauten und Ma Anand Sheela überwarf. Als er merkte, daß er auf Rajneeshpuram nicht mehr sicher war, versuchte er, mit seinem Privatflugzeug auf die Bermudas zu entkommen, wurde aber beim Auftanken in Charlotte, Carolina, abgefangen. Er wurde festgenommen, wegen Erschleichung von Sichtvermerken angeklagt, verurteilt und nach Zahlung von 400.000 Dollar nach Indien abgeschoben. Die indischen Behörden verweigerten ihm die Einreise, so daß er bis zum Jahr 1987 über Nepal durch verschiedene andere Länder ziehen mußte, bis man ihm gestattete, sich wieder in Poona niederzulassen. Sein Gesundheitszustand verschlechterte sich zusehends, was er den Schikanen der amerikanischen

Behörden zuschrieb, und er starb im Alter von 58 Jahren. Als Todesursache wird Vergiftung kolportiert, es gibt aber auch Gerüchte über AIDS, da mehrere Anhänger aus seinem inneren Kreis daran starben. Um seinen Reichtum und seine Macht zu dokumentieren, sei nur folgendes exemplarisch angeführt: Auf dem Höhepunkt seiner Karriere soll Rajneesh mehr als 90 Rolls Royces, vier Privatflugzeuge, eine Busflotte und ein privates Waffenarsenal besessen haben.

„Der Böse regiert
sein Reich
in Gewändern aus Silber
und Gold,
der Tugendhafte
lebt im Wald der Liebe
und kleidet sich
in Rinden."
(AUS DEM MAHABHARATA)

DER MESSIAS VON WACO

Der charismatische David Koresh.

Vernon Howell, besser bekannt unter dem Namen David Koresh, war der Führer der „Davidianer-Sekte". Seinen Posten übernahm er von einem anderen Texaner, dem Gründer der „Davidianer" Ben Roden. Koresh starb in den Flammen, als der Gebäudekomplex der Sekte in Waco, Texas, am 19. April 1993 von den Bundesbehörden in Brand gesetzt wurde. Für seine Anhänger war er der neue Messias, der nach den Prophezeiungen Daniels und der „Offenbarung" eine Botschaft des Weltuntergangs predigte. Für die Öffentlichkeit war er hingegen nur ein macht- und sexhungriger Wahnsinniger.

Als Heranwachsender hatte Vernon Howell zwei Interessen, von denen er nahezu besessen war: die E-Gitarre und die Bibel. Er trat in die Fußstapfen seiner Mutter und wurde 1979 von den „Adventisten" getauft. Kurz danach wurde er wieder ausgeschlossen, nachdem er offen kritisiert hatte, die Sekte hätte sich von ihren ursprünglichen Zielen entfernt. Da er von der Wiederkehr Christi fest überzeugt war, schloß er sich 1981 den Davidianern auf Mount Carmel an. Vernon Howell ging eine sexuelle Beziehung mit Lois, der 67jährigen Witwe von Ben Roden ein, die der Sekte vorstand und David Koresh, so sein neuer Name, zu ihrem Nachfolger erklärte.

EIN MANN ZUM HEIRATEN

•

Koresh heiratete 1984 Rachel Jones, die 14jährige Tochter des Davidianers Perry Jones. Im Januar des folgenden Jahres reiste er mit der inzwischen schwangeren Rachel nach Israel, wo ihm angeblich seine messianische Berufung bestätigt wurde. Lois Roden starb 1986, ihr Sohn George bestritt, daß Koresh ein Anrecht auf die Führung des Kultes habe. Im selben Jahr nahm Koresh die 12jährige Schwester von Rachel, Michelle, zur Zweitfrau. Auf eine Anweisung Gottes hin nahm er 1987 noch drei weitere Frauen. Ende 1988 wurde George Roden für geisteskrank erklärt und in eine Anstalt eingeliefert. Koresh war damit unumstrittener Führer der Davidianer.

Die Offenbarung, die er angeblich 1985 in Israel gehabt hatte, sollte der Grundstein seiner Rechtfertigungen sein. Er behauptete, er sei der Empfänger der letzten Botschaft Gottes, des sogenannten Siebenten Siegels, und daher der von Gott ausersehene siebente Bote aus der „Offenbarung": „Aber in den Tagen, wenn die Stimme des siebenten Engels erklingt, wird das Geheimnis Gottes ein Ende haben, wie er es seinen Dienern, den Propheten, gesagt hat." (Offenbarung 10,7)

> „Hierauf sah ich den Himmel offenstehen
> und erblickte ein weißes Roß.
> Sein Reiter ist der Treue und Wahrhaftige;
> er richtet und streitet mit Gerechtigkeit.
> Seine Augen sind wie Feuer,
> und auf seinem Haupte trägt er viele Königskronen,
> und ein Name steht geschrieben,
> den keiner weiß, nur er selbst."
> (OFFENBARUNG 19,11/12)

Nach der Belagerung von Waco.

Seine mystischen Informationen hatte David Koresh angeblich erhalten, indem er kurz in den Himmel aufgestiegen und in den apokalyptischen „Reiter des weißen Rosses" verwandelt worden war.

DIE KINDER GOTTES

•

Koresh beschloß, die Außenwelt von seiner Sekte fernzuhalten, und lagerte unter Hinweis auf Zitate aus dem Neuen Testament Waffen auf Mount Carmel ein. Sektenmitglieder, die die Katastrophe von Waco überlebten, meinten, daß dies rechtens war, da er Waffenhandel betrieb. Im Sommer 1989 verkündete Koresh eine außergewöhnliche Neuerung. Alle Mitglieder der Gemeinschaft sollten sich nach den Empfehlungen des hl. Paulus von ihren Partnern

trennen und in absoluter Keuschheit leben, während er selbst als Halbgott das absolute Recht hatte, eine sexuelle Beziehung mit jeder Frau der Gemeinschaft einzugehen. Wie andere Sektenführer würde er „Kinder Gottes" in einem Akt zeugen, der nichts mit Libido oder Wollust zu tun hätte.

Koresh war außerdem der Überzeugung, daß die Davidianer zu Tausenden nach Israel auswandern würden, wo er irgendwann in der Zukunft in einem Konflikt den Tod finden würde. Diese Überzeugung hatte er aus Prophezeiungen des Propheten Jesaja gewonnen. Leider kündigten sich darin die tragischen Ereignisse, die sich im April 1993 in Waco abspielten sollten, nicht an.

DIE AUFERSTEHUNG

•

Zum Zeitpunkt des Brandes hatte Koresh eine nicht näher bekannte Zahl von Frauen, die er alle geheiratet hatte, als sie erst zwölf Jahre alt gewesen waren, und zwölf Kinder, die später alle starben. Zwei der in den Flammen umgekommenen Frauen erwarteten Kinder.

Die überlebenden Anhänger sind überzeugt, daß er am 13. Dezember 1996 – 1.335 Tage nach seinem Tod – in Ruhm und Glorie auferstehen wird, denn es heißt beim Propheten Daniel:

„Selig ist der, der wartet und kommt nach tausend und dreihundert und dreiunddreißig Tagen. Geh Du Deinen Weg bis ans Ende, denn Du sollst ruhen und auferstehen am Ende der Tage." (Daniel 12,12/13)

DAVID BERG

Erst in mittleren Jahren wurde dieser außergewöhnliche Mann bekannt, doch selbst auf dem Gipfel seiner Macht wirkte er mit Schmerbauch, schütterem Langhaar und Patriarchenbart nicht gerade beeindruckend. Vor Auftreten der Hippiekultur Ende der sechziger Jahre war seine Laufbahn als Wanderprediger ohne große Höhen verlaufen. David Berg rückte erst ins Zentrum des Interesses, als er mit seiner verarmten Familie zur Aussteiger-Wohlfahrtsmission seiner Mutter am kalifornischen Strand kam.

Er schuf eine kleine Sekte, die „Teens for Christ"-Bewegung, die auf Hippies mit ihrer Mischung aus Protestsongs, freier Liebe für Jesus, Erdnußbuttersandwiches (dank Mutter Berg) und tiefschürfenden Ansichten über den Sinn des Lebens anziehend wirkte. Seine Botschaft richtete sich gegen das Establishment und jede Diszplin und fand bei einer rasch wachsenden Schar junger, ungewaschener Bekehrter Zustimmung. Wie viele andere Gurus sicherte er sich die Treue seiner Jünger, indem er allen den Untergang verhieß, die dem Gesetz nach David Berg nicht folgten. Sein Publikum war willig und leicht zu formen – die meisten von ihnen hatten bereits ihre Familien, Arbeitsplätze und andere Verbindungen zur Welt hinter sich gelassen. Nach dem Vietnamkrieg und anderen Schrecknissen einer für sie imperialistischen und materialistischen Kultur waren

David Berg – der echte Christus-Freak.

> **„Es gibt in Gottes Reich der Liebe kein Gesetz gegen Inzest. "**
> (DAVID BERG)

sie zufrieden, das Kreuz auf sich zu nehmen und Berg für eine Gratismahlzeit und ein leichtes Leben voller Drogen und spiritueller Betrachtung zu folgen.

Eine der stärksten Neuerungen, die von Berg kamen, war die Kombination von Popmusik und Religion, die er durch seine Hippieerscheinung, eine lockere Umgebung am kalifornischen Strand, fernab der altmodischen Amtskirchen, und eine grundsätzlich nonkonformistische Botschaft ergänzte. Er verglich sich dabei gern mit seinem archetypischen Vorbild, Jesus Christus, und gewann dadurch an Selbstwert.

DER PROPHET DER APOKALYPSE
•

Je mehr Anhänger Berg hatte – sie nannten sich mittlerweile „Kinder Gottes" –, um so stärker veränderte und korrumpierte er das ursprünglich relativ harmlose religiöse Konzept. Er änderte seinen Namen in „Moses David" und erklärte sich zum Propheten der Apokalypse. Seinen Anhängern sagte er voraus, daß der amerikanische Imperialismus Opfer seiner eigenen Gottlosigkeit werden würde. Die einzige Chance, dem Zorn des Allmächtigen zu entgehen, sei der Eintritt in seine neue Kirche. In seinem wachsenden Größenwahn wurde er von einer jungen Anhängerin, Karen „Maria" Zerby, unterstützt, deretwegen Berg sich von seiner Frau getrennt hatte, obwohl die ganze Familie weiterhin unter einem Dach lebte.

Berg hatte zunächst die Vorteile der Keuschheit gepredigt, schwenkte dann aber zur freien Liebe um, damit er seinen Ehebruch rechtfertigen konnte. Er vertraute seinen Anhängern an, Gott selbst habe ihn angewiesen, als Symbol der neuen Kirche eine Geliebte zu nehmen, während seine Frau Jane für den alten, nicht mehr zeitgemäßen Glauben stand. Zu dieser Zeit zog sich Berg immer mehr zurück und äußerte sich nur noch schriftlich. Seine Korrespondenz wurde von den Anhängern wie eine biblische Schrift verehrt, wie banal oder obszön die Formulierungen auch sein mochten. Wie manch anderer Pseudo-Messias, etwa der englische Hexer Gerald Gardner, versteckte er seine eher unoriginellen Gedanken hinter archaisierender Sprache und griffiger Ausdrucksweise, die zunehmend von sexuellen Anspielungen dominiert war.

DIE FAMILIE DER LIEBE

•

Die amerikanischen Behörden leiteten 1972 Ermittlungen gegen Berg ein, worauf er sich unauffällig nach England absetzte und in einer ruhigen und bürgerlichen Vorortegegend bei Bromley eine neue Zentrale gründete. Er praktizierte Partnertausch, indem er von seinen Anhängern verlangte, daß sie ihm für seine Vergnügungen ihre Partnerinnen überließen. Er predigte ab dem Jahr 1976 freie Liebe und Anarchie als Standardvoraussetzungen für die Aufnahme zu den „Kindern Gottes". Alles wurde geteilt, denn Berg predigte, daß es eigentlich Gott unser aller Vater war, der den Ehebruch beging. Zwei Jahre später änderte er den Namen der Sekte auf „Familie der Liebe", um der zunehmend feindlichen Haltung der Öffentlichkeit gegenüber den Aktivitäten der „Wollust-Sekte" eine respektablere und weniger umstrittene Fassade entgegenzusetzen.

SEX FÜR CHRISTUS

•

Durch den Verkauf seiner Bücher konnte Berg recht luxuriös leben,

Ein jugendliches Mitglied der Kinder Gottes.

aber er war davon besessen, seine Botschaft in weiteren Kreisen zu verbreiten. Zu diesem Zweck führte er den sogenannten „Flirtfang" ein. Die weiblichen Sektenmitglieder mußten sich in Clubs, Bars und an anderen Orten, die für die Werbung neuer Mitglieder vielversprechend erschienen, regelrecht prostituieren, egal, ob sie verheiratet oder ledig waren. „Sex für Christus" war bis Ende der achtziger Jahre das Schlagwort dafür, bis mit dem Aufkommen von AIDS nicht mehr daran zu denken war.

Zur sexuellen Promiskuität, die David Berg predigte, gehörten auch gleichgeschlechtliche sexuelle Praktiken und Pädophilie.

Heute ist Berg nur noch ein Phantom. Er soll von England nach Südeuropa übersiedelt sein, es ist aber nicht einmal sicher, ob er überhaupt noch lebt. Seine älteste Tochter Linda schrieb ein Buch über ihn und enthüllte sein wahres Gesicht. Auf dem Gipfel seiner Macht hatte er jedoch das Charisma und die Überredungsgabe, um die Menschen spirituell und materiell zu verführen und finanziell auszunehmen. Eine Generation von Erwachsenen, die ihre eigenen Eltern nicht kennen und orientierungslos sind, ist Bergs wohl traurigstes Vermächtnis. Dennoch zieht die „Familie der Liebe" immer noch Menschen an, die sich zu ihr bekehren lassen.

SHOKO ASAHARA

Es gibt ausreichend Grund zur Annahme, daß der 41jährige Shoko Asahara, ein glühender Verehrer Hitlers und der Nazis, geistig labil ist. Geboren 1955 als Sohn eines Tatamimachers, wurde er als halbblindes Kind in eine Blindenschule geschickt, wo er – unter Blinden ist der Einäugige König – bald zum Führer der anderen Schüler wurde. Diese Erfahrung könnte zu seiner messianischen Überzeugung, aber auch zu seiner Geschicklichkeit bei der Manipulation und Einschüchterung anderer geführt haben.

Nach seinem Schulabschluß beschäftigte er sich sehr eingehend mit Heilkräutern und Akupunktur, wurde aber wegen Quacksalberei festgenommen und verurteilt. Zunächst gründete er die „Vereinigung des Himmlischen Segens" und nach deren Auflösung im Jahr 1982 die ebenso obskure „Göttliche Aum-Zaubergesellschaft", die sich ebenfalls nicht lange hielt. Nach diesem eher schlechten Karrierestart reiste er ins Himalayagebirge und behauptete nach seiner Rückkehr, dort den Zustand der Vollkommenheit, das Nirvana, japanisch als *satori* bezeichnet, erreicht zu haben. Voll der Erleuchtung gründete er im Jahr 1987 mit zehn Anhängern die „Aum-Sekte".

Seinem Aussehen nach ist Shoko Asahara alles andere als eine Führungs-

Shoko Asahara.

„Ich gebe zu, daß meine Ansichten verrückt sind. Manchmal braucht man verrückte Ansichten, um zu Freiheit und Glück zu gelangen."
(SHOKO ASAHARA)

persönlichkeit: gedrungen, kurzsichtig, mit dunklem Bart und wallendem Haar, trägt er ständig einen weißen Overall und Turnschuhe. Für seine Anhänger ist er „der Meister", die Reinkarnation des Imhotep aus dem 27. Jahrhundert v. Chr., der die große

Stufenpyramide im ägyptischen Sakkara bauen ließ. Imhotep galt auch als Weiser und Schriftgelehrter; nach seinem Tod erlangte er als Sohn des Schöpfergottes Ptah einen nahezu mythischen Ruf. Sein Kult bestand bis in die Römerzeit, es ist jedoch nicht klar, weshalb ihn Asahara als Idol wählte. Vielleicht hatte es mit dem Glauben der „Adventisten" zu tun, daß sich die Große Pyramide von Gizeh zum Millennium auftun und der Teufel hervortreten wird, um sein Reich für sich zu beanspruchen.

Shoko Asaharas Lehre beruht auf diversen Elementen aus Buddhismus, Hinduismus, ägyptischer Mystik und New Age-Philosophien. Mit dieser Mischung konnte er sich einen großen Zustrom von Anhängern unter den wohlhabenden und intellektuellen Jugendlichen Japans sichern. Aus den Taschen seiner Verehrer erwirtschaftete er sich ein beträchtliches Vermögen. Die Hauptkommune seines Kultes verlegte er 1989 nach Kamikuishiki in der ländlichen Umgebung des Fujiyama. Im folgenden Jahr kandidierte er zusammen mit 24 anderen Kultmitgliedern bei der Parlamentswahl, konnte aber keine weiteren Stimmen als die der Kultmitglieder auf sich vereinen. Umgehend kam seine Warnung, daß der Fujiyama ausbrechen würde. Nur er, sagte Shoko, könne zumindest einen Teil der Menschheit

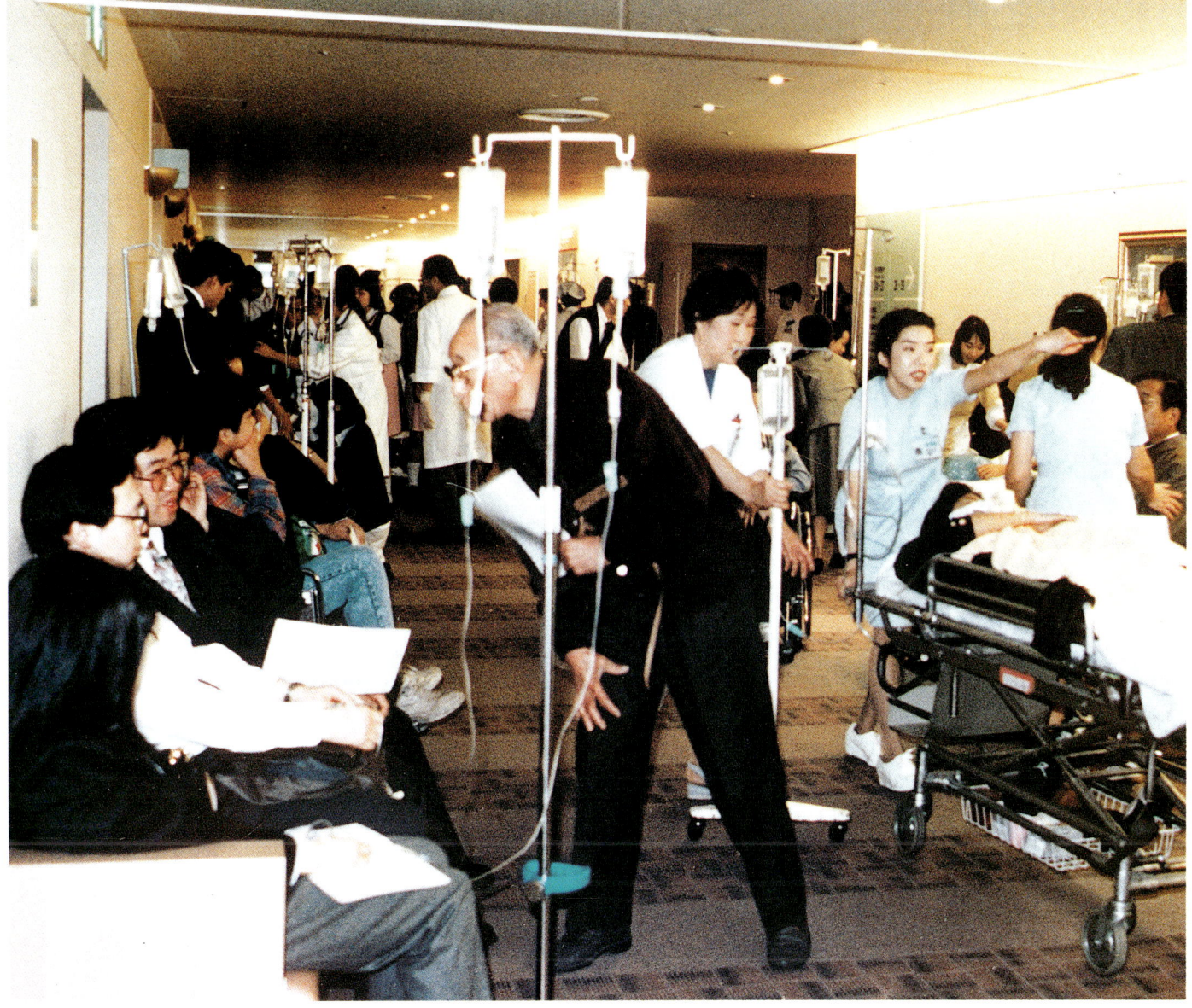

Nach dem Anschlag auf die U-Bahn von Tokio.

retten. Er sagte voraus, daß die Aum-Mitglieder per Raumschiff vor dem Weltuntergang 1997 gerettet und in eine ferne Galaxie gebracht würden. Auch über den Einsatz chemischer Waffen wie des Nervengases Sarin begann er öffentlich zu reden, wenn auch verschlüsselt.

DIE GIFTGASANSCHLÄGE

•

Im Juni 1994 starben in der Küstenstadt Matsumoto sieben Menschen, als nahe einem Wohnhaus, in dem drei Richter wohnten, das Giftgas Sarin freigesetzt wurde. Die Richter standen kurz vor der Entscheidung in einem Prozeß gegen die Aum-Sekte. Von diesem Zeitpunkt an, so scheint es heute, beabsichtigte Shoko Asahara den umfassenden Guerrillakrieg gegen die japanische Zivilbevölkerung. Am 20. März 1995 gab es einen zweiten Giftgasanschlag, auf die U-Bahn von Tokio. Zahlreiche Mitglieder der Sekte wurden festgenommen, Asahara gelang mit seiner Frau und seinen sechs Kindern die Flucht. Bei der Durchsuchung seines Büros nach dem An-schlag stellte die Polizei 22 kg Goldbarren und den Gegenwert von etwa zehn Millionen DM in bar sicher. In seiner Abwesenheit fuhr Kenji Takagi, seine „rechte Hand", nach Tokio, um Schadensbegrenzung durch Öffentlichkeitsarbeit zu betreiben. Der 26jährige Takagi, ein ehemaliger Computertechniker, wirbt für Asaharas Überzeugungen und fungiert als Troubleshooter. Das ist nicht einfach, denn im Mai 1995 wurde bekannt, daß die „Aum-Sekte" im Verdacht stand, einen weiteren Behälter mit potentiell tödlichen Chemikalien in der Herrentoilette einer anderen Tokioter U-Bahnstation deponiert zu haben.

DER MESSIAS VON JONESTOWN

In Stil und Motiven unterschied sich James Thurman Jones kaum von anderen, die sich als Messias sahen. Er war jedoch der erste, der seine Sekte tatsächlich in den Untergang führte. Er wurde im Jahr 1931 geboren und behauptete, halb Weißer, halb Cherokee zu sein. Er studierte an der Universität Indianapolis und gründete dort seine erste Evangeliumsgemeinde, als er gerade 18 war. Das Geld dafür stammte aus dem Verkauf südamerikanischer Äffchen. Er nannte sich Reverend Jim Jones, war jedoch nie geweiht oder offiziell theologisch ausgebildet worden. Mit einer Mischung aus politischen und religiösen Elementen baute er eine ihm ergebene Gemeinschaft von Anhängern auf.

Die Aufzeichnungen in seinem Tagebuch zeigen, daß Jones Anfang der fünfziger Jahre der amerikanischen Kommunistischen Partei beitrat. Er heiratete die diplomierte Krankenschwester Marcelina, genannt Marcie, und hatte mit ihr einen Sohn, Stephen, der im Jahr 1959 geboren wurde. Sie adoptierten dazu sieben Kinder unterschiedlicher Rassen.

Im Jahr 1961 hatte Jones eine Vision von einer Massenvernichtung in Indianapolis. In dieser Zeit sagte er in einem Interview mit der Zeitschrift „Esquire", das Redwood Valley in Nordkalifornien sei eines der neun sichersten Gebiete der Welt.

James Thurman Jones.

„Als die Revisionisten Stalin verurteilten, verließ ich die amerikanische Kommunistische Partei. Ich schloß mich den Maoisten an, denn sie waren loyal, und das war mir wichtig."

(JAMES JONES)

Er beschloß, dorthin zu übersiedeln, und führte seine kleine Anhängerschar nach Ukiah, wo er eine Kirche mit einem Schwimmbecken für Taufen, einen großen Parkplatz und ein schönes Haus für sich selbst baute. Seine Sekte bestand aus einigen Weißen, vor allem aber aus Schwarzen, Asiaten und amerikanischen Ureinwohnern. Sein Evangelium der Rassengleichheit war kaum vom Marxismus mit leichtem christlichem Einschlag zu unterscheiden. Von seinem Erfolg angespornt, übersiedelte er nach San Francisco, wo er seinen „Tempel des Volkes" in der alten Kirche eines Armenviertels unterbrachte. Seine Arbeit dort richtete sich vor allem an die örtliche Bevölkerung, und er predigte die Abschaffung der Klassenunterschiede und das Ende der Unterdrückung der Armen, indem er zu zeigen versuchte, daß Menschen aus verschiedenen Bereichen konfliktfrei zusammenleben konnten.

Jones war klein und gedrungen, trug meist eine dunkle Brille und getragene Anzüge, hatte aber Charisma, was zu steigendem Bekanntheitsgrad führte. Er hielt bald Gottesdienste in anderen Bezirken von San Francisco und in Los Angeles. Im Jahr 1971 kaufte er eine verlassene Synagoge auf dem Geary Boulevard in einem heruntergekommenen, von Schwarzen

Der Tempel des Volkes.

bewohnten Viertel von San Francisco. Bald darauf folgte eine Liegenschaft in Los Angeles. Sein Jahreseinkommen von 200.000 Dollar stammte aus dem Geld und den Habseligkeiten, die ihm seine Jünger überließen. Auf Reisen begleiteten ihn stets seine bis zu 15 Leibwächter.

ZU GAST BEI MONDALE

•

Zu seiner Strategie gehörte es auch, sich mit den Politikern von San Francisco gutzustellen. Wer ihm half, konnte damit rechnen, daß die Sektenmitglieder um Stimmen für ihn warben. Zu seinen Gewährsleuten zählten immerhin der Gouverneur von Kalifornien und die Bürgermeister von San Francisco und Los Angeles. Er wurde zum Vorsitzenden der Wohnbaubehörde von San Francisco gewählt und stand sogar einmal mit der damaligen First Lady Rosalyn Carter auf einer Bühne, als sie im Jahr 1976 die neue Zentrale der Demokraten in San Fran-

cisco eröffnete. Auch zu einem Treffen mit Vizepräsident Walter Mondale war er geladen.

Im August 1977 erhielt Jones nach bösen Presseangriffen wegen mutmaßlicher Nötigungen, vorgetäuschter Wunderheilungen und Morddrohungen an Sektenaussteiger die Genehmigung, mit seiner Gemeinschaft in das marxistische Paradies auf Erden, Guayana, auszuwandern. Er hatte so viel Macht, daß ihm 1.200 Menschen in den Dschungel nach Jonestown folgten. Dort wurde sein Regime immer autoritärer. Disziplin, so seine Worte, sei der einzige Weg, um seine Schäfchen auf den nuklearen Holocaust vorzubereiten. Er wurde immer paranoider und gestörter. Angeblich glaubte er, daß die CIA sein Essen vergifte, und er litt unter der Vorstellung, er sei Lenin. Er sprach oft mit russischem Akzent und warnte immer wieder über Lautsprecher vor einem bevorstehenden Angriff. Auch Selbstmord erwähnte er wiederholt. Im Spätsommer 1978 erreichte sein Wahn den

Höhepunkt. Der Kongreßabgeordnete Leo Ryan hatte mit mehreren Pressevertretern seinen Besuch angekündigt, um Hinweisen nachzugehen, wonach US-Bürger gegen ihren Willen in der Gemeinschaft festgehalten würden. Am 18. November wurden Leo Ryan und die Delegation auf Anweisung von Jones hingerichtet, als sie Jonestown verlassen wollten. Am 20. November fand der Massenselbstmord von 911 Kultanhängern statt. Jones, damals 47 Jahre alt, wurde auf dem Rücken liegend mit einer Schußwunde im Schädel unter Stapeln von Leichen gefunden. „Mutter, Mutter, Mutter" sollen seine letzten Worte gewesen sein.

Zum Zeitpunkt seines Todes besaß James Jones angeblich mehr als fünf Millionen Dollar an persönlichem Vermögen, und laut seiner letztwilligen Verfügung sollten die ungeheuren Gelder des Kultes auf ausländischen Banken nach Rußland gehen. Die sowjetischen Behörden lehnten seine Schenkung jedoch ab. Seine Frau sagte einmal über ihn, er habe nie wirklich an das Christentum geglaubt, sondern sei in Wahrheit engagierter Marxist gewesen, der gehofft hatte, durch christlichen Fundamentalismus Anhänger zu finden und diese dann zu seinen Zielen bekehren zu können.

> *„Mütter,*
> *paßt*
> *auf Eure Kinder auf.*
> *Sie müssen*
> *würdevoll*
> *sterben."*
>
> (AUSZUG AUS DEN
> LETZTEN ANWEISUNGEN
> VON JAMES JONES)

DIE RITTER DER SONNE

JOSEPH
DI MAMBRO

•

Joseph di Mambro wurde im Jahr 1925 in Frankreich geboren, übersiedelte jedoch in den französischsprachigen Teil Kanadas, nach Québec. Er machte dort ein Vermögen als Schmuckhändler und kehrte nach Europa zurück, um das Geld in Immobilien anzulegen. Auf dem Gipfel seines Reichtums soll er mehr als 60 Liegenschaften auf der ganzen Welt besessen haben. Im Jahre 1972 wurde er wegen Betrugs verurteilt. 1974 gründete er in Annemasse in der Schweiz und in Collonges-sous-Saleve in Frankreich New Age-Studienzentren. Das französische Zentrum, das auch die „Pyramide" hieß, brannte 1979 unter ungeklärten Umständen ab. Joseph di Mambro übersiedelte nach Genf und gründete dort eine weitere Organisation, den „Goldenen Pfad", in-

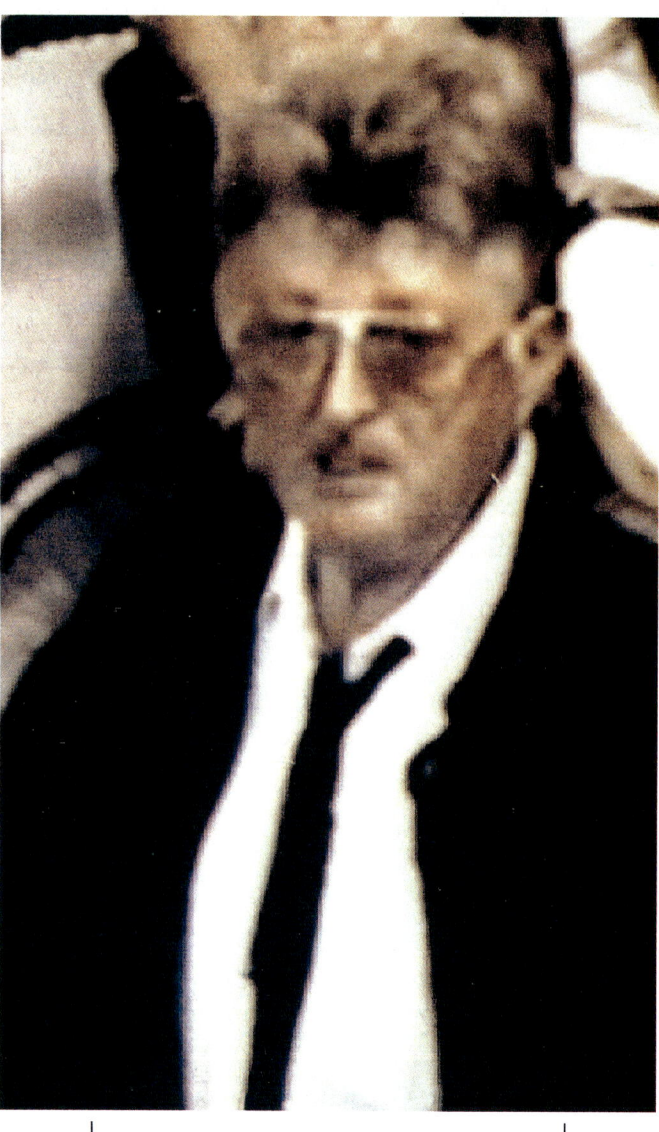

Joseph di Mambro.

spiriert durch den englischen okkulten Hermetikerorden des 19. Jahrhunderts, die „Goldene Morgenröte". Ab dem Jahr 1982 wurde diese Organisation unter dem Namen „Club Amenata" in Initiaten- und Adeptenzellen strukturiert. In Annemasse fand Joseph di Mambro in Luc Jouret einen Verbündeten, obwohl di Mambro immer als der geschäftstüchtigere Teil der Partnerschaft galt, die den „Temple du Soleil" gründete und betrieb. Die zweite Frau di Mambros, Jocelyne Duplessis aus Québec, schenkte ihm seine Tocher Emmanuelle. Aus seiner ersten Ehe stammte sein Sohn Elie. Die ganze Familie di Mambro und Luc Jouret kam in Granges-sur-Salvan um.

LUC JOURET

•

Jouret wurde in Belgisch-Kongo geboren und diente als Fallschirmjäger in Zaire, wo er die Herstellung von Brandbomben mit Zündverzögerung lernte. Er studierte Medizin und begann, sich in zunehmendem Maß für unorthodoxe Behandlungsmethoden zu interessieren. Er wandte sich der Homöopathie und Alternativheilkunde zu und eröffnete im Jahr 1978 eine Praxis in Annemasse, wo er nach kurzer Zeit in den Einflußbereich von Joseph di Mambro gelangte. Als weitgereister Mann hatte er auch ein starkes Interesse an fernöstlicher Mystik entwickelt. Eine seiner zahlreichen Reisen hatte ihn zu einem indischen Guru geführt. In

> *„Der Tod existiert nicht.*
> *Er ist nur Illusion.*
> *Mögen wir auf immer zueinander finden*
> *durch unser Seelenleben."*
>
> (AUS DEM ABSCHIEDSBRIEF EINES MITGLIEDS
> DES „TEMPLE DU SOLEIL", 21. DEZEMBER 1995)

Annemasse schloß er sich di Mambros Sonnen- und Magiekult, dem „Goldenen Pfad" an.

Jouret kultivierte einen charismatischen Redestil und sprach von den frühen achtziger Jahren an in di Mambros Kultzentren, dem „Club Amenata" in der Schweiz und dem ähnlich organisierten „Club Archedia" in Kanada, über Sonnenmystik. Alle Kultzentren wurden von di Mambros Frau Jocelyne verwaltet.

DIE NEUEN TEMPELRITTER
•

Zusammen mit Joseph di Mambro gründete Jouret 1984 eine Geheimsekte unter dem Namen OICTS („Ordre International Chevaleresque Tradition Solaire"), die angeblich sehr stark von der Satzung der mittelalterlichen Tempelritter beeinflußt war, und aus der sich jener Kult entwickelte, der als „Sonnentempel" oder „Temple du soleil" bekannt wurde. Seine Vorträge aus der „Club Amenata"-Zeit wurden auf Kassette an die Anhänger verkauft, und Luc Jouret verfaßte unzählige Artikel, die in der Sektenzeitschrift „Excalibur" erschienen.

Innerhalb des „Sonnentempels" war Luc Jouret der unumstrittene Guru. Seine Beschäftigung mit der bevorstehenden Apokalypse und der Glaube, daß er und seine Anhänger durch Feuer gerettet werden konnten, legten den Kurs auf die Nachahmung der Templer fest – von denen die meisten als Ketzer auf dem Scheiter-

Luc Jouret.

haufen gestorben waren (siehe S. 42-43). Er war besessen vom Gedanken der Erneuerung durch das Feuer und von der Bedeutung der Wintersonnenwende, jenem Tag, an dem der Sonnenwinkel auf der Nordhalbkugel am flachsten ist. Seinen Anhängern redete er ein, Zeitreisender zu sein, der in der Lage wäre, sie zur spirituellen und physischen Wiedergeburt in eine weit entfernte Galaxie zu bringen.

Ursprünglich dachte man, Jouret sei den Massenselbstmorden, die sich

am 4. Oktober 1994 in der Schweiz ereigneten, entgangen. Seine verkohlte Leiche wurde jedoch später anhand des Zahnschemas identifiziert. Er starb an einem der beiden Hauptsitze des Kultes in Granges-sur-Salvan. Es gab später Hinweise darauf, daß Jouret schon früher einmal, nämlich im Frühjahr 1993 in Kanada, in den Freitod gehen wollte, seine Pläne aber aufgrund der Festnahme wegen des Verstoßes gegen das kanadische Waffengesetz aufgeben mußte.

DER MASSEN-SELBSTMORD
•

Joseph di Mambros 12jährige Tochter Emmanuelle soll die unschuldige Auslöserin der Massenvernichtung gewesen sein. Er behauptete, sie sei das Produkt göttlicher Empfängnis und damit spirituell einzigartig. Daher protestierte er heftig, als das kanadische Sektenmitglied Antonio Dutoit und seine Frau ihren Sohn Emmanuel nennen wollten. Der Junge war für Joseph di Mambro die Inkarnation des Teufels und mußte vernichtet werden. In der Folge wurden die Dutoits ermordet und die Selbstmordlawine losgetreten, als die Polizei die Verbindung zur Sekte herstellte.

Gegen Joseph di Mambro und Luc Jouret waren allerdings auch wegen Verdachtes des illegalen Waffenhandels und der Geldwäsche Ermittlungen eingeleitet worden. Die Schlinge hatte sich zugezogen.

DER MESSIAS DER EINSAMEN HERZEN

Der 1920 geborene nordkoreanische Prediger Sun Myung Moon soll zwischen zwei und drei Millionen Anhänger weltweit haben und verdiente sich mit der ultimativen Massenhochzeit von 30.000 Paaren im Olympiastadion von Seoul 1992 einen Platz im Guinness-Buch der Rekorde. Bei einer ähnlichen Feier 1988 hatte er es auf 6.516 Paare gebracht.

DAS LEBEN DES NEUEN MESSIAS

•

Bei seiner Geburt erhielt Sun Myung Moon, was soviel bedeutet wie „Leuchtende Sonne, Leuchtender Mond", den weniger glamourösen Namen Young Myung Moon, „Leuchtender Drachenmond". Im Alter von zehn Jahren konvertierte er vom Buddhismus zum Christentum, seine Eltern traten den Presbyterianern bei. Sechs Jahre später, bezeichnenderweise am Ostermontag, erhielt er die Botschaft, daß er das Werk Christi vollenden solle, das dieser 2.000 Jahre zuvor nicht hatte vollenden können. Er stellte sich bald als Wiedergeburt des Messias dar, dessen Aufgabe es war, mit allen verfügbaren Mitteln die Macht über die Erde zu erhalten. Diese Mittel be-

Sun Myung Moon und seine Frau.

standen freilich vor allem in großen Geldbeträgen. Seine Jünger waren angewiesen, Spenden zu sammeln und die Spender erforderlichenfalls auch über die Bestimmung der Gelder im unklaren zu lassen oder sogar zu belügen.

In seiner Frühzeit schrieb Moon, angespornt durch die Offenbarung, die sich ihm im Alter von 16 Jahren

enthüllte, unter dem Titel „Das göttliche Prinzip" seine eigene Bibel, bevor er nach Japan ging, um dort Elektrotechnik zu studieren. Nach Ende des Zweiten Weltkriegs kehrte er nach Nordkorea zurück und gründete mit 34 Jahren die „Vereinigungskirche", mit vollem Namen „Gesellschaft des Heiligen Geistes für die Vereinigung des Weltchristentums", besser bekannt als die „Moonies". Sun Myung Moon wurde im Jahr 1948 wegen Unruhestiftung festgenommen und von den Amerikanern befreit. Die Legende erzählt, daß er mit einem früheren Mithäftling auf den Schultern die 600 Meilen nach Pusan in Südkorea auf einem Fahrrad zurücklegte. Im Jahre 1955 wurde er wegen unzüchtiger Handlungen und Wehrdienstverweigerung für kurze Zeit neuerlich inhaftiert. Er heiratete dreimal, zwei der Ehen wurden wieder geschieden. Seine dritte Frau Han Ja Han, was soviel bedeutet wie „Himmlische Mutter", schenkte ihm zwölf Kinder.

MOON ALS MÄRTYRER

•

In den sechziger Jahren führte Moon eine Kampagne gegen den Kommu-

Sun Myung Moon vor einem US-Gerichtsgebäude, Oktober 1981.

nismus in Korea und entwickelte eine dauerhafte Abneigung gegen Philosophien. Er meinte immer, der Theismus sei die Kehrseite des Kommunismus. Es zog ihn verständlicherweise in die USA, die Heimat des Kapitalismus. Dort entwickelte er rege Reisetätigkeit, nachdem bereits im Jahr 1959 eine kleine Gruppe seiner Vereinigungskirche in den USA Fuß gefaßt hatte. Auf „Anweisung Gottes" kaufte er 1972 eine Liegenschaft im Bundesstaat New York und ließ sich dort nieder. Von 1975 bis 1985 bezog diese Sekte weltweit ungeheure Beträge an Spendengeldern, 746 Millionen Dollar flossen ihr allein aus Japan zu. Als Sun Myung Moon 1984 zu einer Geldstrafe von 25.000 Dollar und 18 Monaten Haftstrafe wegen Steuerhinterziehung verurteilt wurde, ließ es sich die Sekte fünf Millionen Dollar an PR-Gel-

dern kosten, ihn zum Märtyrer zu machen.

Moon wandte sich Ende der achtziger Jahre der Volksrepublik China zu. Im Jahr 1990 traf er mit Michail Gorbatschow zusammen und erhielt die Genehmigung, Missionare nach Rußland zu senden. In jüngster Zeit finanzierte er den rechtsextremen Politiker Jean-Marie Le Pen in Frankreich.

MOON, DER HEIRATSVERMITTLER
•

Trotz seines religiösen Eifers gelang es Moon nie, richtig Englisch zu lernen; bei seinen wenigen öffentlichen Auftritten in den USA bedient er sich seiner Muttersprache Koreanisch

und eines Dolmetschers. Wer ihn erlebt hat, bestätigt jedoch, welche charismatische Persönlichkeit und Begeisterung er besitzt. Er soll auf der Bühne ständig in Bewegung sein und jene, die den Weg des Satans gehen, heftig schmähen – also alle, die nicht seiner Kirche angehören. Er verkündet, daß seine Frau und er die eigentlichen himmlischen Eltern aller „Moonies" sind. Seine berüchtigste Einführung ist aber das exklusive Recht, Anhänger seiner Sekte als Partner füreinander auszuwählen. Die zukünftigen Eheleute kennen einander meist nicht und sprechen oft nicht einmal dieselbe Sprache. Vor diesem Hintergrund sind die Massenhochzeiten zu sehen, bei denen die Paare mehr oder weniger auch versprechen, ihr Leben spirituell und finanziell dem Reverend Moon zu weihen.

REVEREND CHRISTOPHER BRAIN

Im Jahre 1979 kam Christopher Brain, ein hoffnungsvoller Prediger und Rockmusiker, der zuvor als Hilfspfleger beim Roten Kreuz in Harrogate gearbeitet hatte, mit seiner Frau Winnie und einer kleinen Gruppe von Anhängern in die englische Stadt Sheffield. Sie suchten eine Bleibe und eine Basis für eine neue Art von Gottesdienst.

Brain wurde 1957 in Yorkshire geboren und wuchs in Harrogate auf. Anfangs arbeitete er in Sheffield für eine Tonanlagenvermietung. Im Jahr 1985 hörte er gemeinsam mit Freunden in der Kirche St. Thomas den amerikanischen Prediger John Winber. Dieser hatte auf der Grundlage moderner Medientechnologie und der Gesetze der Massenhysterie seine Gemeinde „Toronto Blessing" aufgebaut. Für Brain war der Vortrag eine Quelle der Inspiration für seine eigene Form von Gottesdienst.

EINFÜHRUNG DER „NEUN-UHR-MESSE"

•

Nach Gesprächen mit dem Vikar von St. Thomas, Robert Warren, wurde Brain dazu ausersehen, eine innovative Form von Jugendgottesdienst zu gestalten. Er verfügte über die richtige Mischung an jugendlichem Aussehen, religiöser Begeisterung und Charisma, um dem Problem des

Reverend Christopher Brain.

Kirchgängerschwunds die Stirn zu bieten. Für Robert Warren war er von Gott dazu ausersehen, endlich die Wende herbeizuführen. St. Thomas erwartete eine neue Religion für eine neue Generation von Gläubigen. Die „Neun-Uhr-Messe" war entstanden.

Brain hatte mit seinem Predigtstil solchen Erfolg, daß er und Warren im November 1990 nach Canterbury reisten, um Dr. George Carey, den designierten Erzbischof, zu treffen, der seinen Aktivitäten Unterstützung zusagte. Carey war nicht bewußt, daß die „Neun-Uhr-Messe" bereits die Gefahren eines religiösen Kultes in sich barg und von naiven, leicht zu beeinflussenden jungen Menschen gierig aufgesogen wurde. Die besorgniserregenden Entwicklungen innerhalb der Bewegung waren nur wenigen Leuten aus dem innersten Kreis um Brain bekannt.

Christopher Brains sexuelle Avancen gegenüber seinen jungen Kirchgängerinnen wurden immer direkter, aber in der Organisation der „Neun-Uhr-Messe" wagte niemand, Einspruch dagegen zu erheben, da Brain dort tatsächlich als Stimme Gottes galt. Seine Arbeit wurde sogar auf höchster Ebene in der Church of England unterstützt. Brain war ein Kultführer im eigentlichen Sinn des Wortes geworden und verbreitete die bekannte Botschaft, daß das alte materielle Leben sündhaft war und unbedingt vergessen werden mußte. Er schüchterte seine Gemeinde ein und machte ihr weis, daß Ungehorsam gegen ihn dem Verstoß gegen den Willen Gottes gleichkam.

Brain wurde 1991 zur Vorbereitung auf die Priesterweihe in der anglikanischen Kirche zugelassen. Während er eine einfache Lebensweise predigte, trieb er selbst immer mehr

Messen im Clubbinggewand begeisterten eine jugendliche Gemeinde.

Aufwand. Junge, weibliche Freiwillige halfen bei der Hausarbeit, wenn Chris und Winnie predigten. Zuerst waren diese Hilfsdienste diskret, bald war es jedoch ein offenes Geheimnis, welche Aufgaben außer der Hausarbeit es für die sieben abwechselnd diensttuenden Mädchen zu erfüllen galt, die einander ähnlich sahen, ähnlich frisiert und ähnlich gekleidet waren – auch „Chris zu Bett bringen" gehörte dazu.

DER PRIESTER MIT DER HOLLYWOOD-SOUTANE

•

Brain wurde nach einer ungewöhnlich kurzen Ausbildung (nur zweieinhalb Jahre, die Hälfte der üblichen Zeit) zum anglikanischen Priester geweiht. Er galt aber bei den Diözesanbehörden als Sonderfall. Nach außen hin gab Brain vor, über die Priesterweihe und die damit einhergehende patriarchalische Führungsposition gar nicht erfreut zu

sein. Im inneren Kreis seiner Vertrauten erwies er sich aber als Egoist, der so exzentrisch war, daß er landauf, landab nach einer Soutane suchte, die aussah wie jene von Robert de Niro im Film „The Mission". Letztlich scheute er weder Kosten noch Mühen und lieh das Original vom Filmstudio, um eine entsprechende Wirkung zu erzielen.

Christopher Brain hatte mittlerweile intime Beziehungen (ohne Geschlechtsverkehr) zu einer nicht näher bestimmten Zahl von Mädchen aus seiner Gemeinde aufgenommen – es können bis zu 40 gewesen sein. Er erklärte das mit „Heilung durch Sex" und „intimer erotischer Forschung ohne Wollust oder Untreue". Er behauptete also, den Frauen bei der Entdeckung ihrer Möglichkeiten und der Erreichung ihrer sexuellen Vollendung zu helfen. Als Folge seiner „Hilfe" zeigten einige der jungen Frauen schwere Symptome von Streß und psychischen Störungen.

Inzwischen bereiteten Brain und ein kleines Team eine USA-Reise vor, wo man mit Matthew Fox, einem bekannten Prediger, arbeiten wollte, der die „Neun-Uhr-Messe" besucht hatte. Deshalb zog sich Brain aus der Routineorganisation der Messe zurück. Das war sein Fehler, denn ohne Einschüchterung durch seine direkte Gegenwart begannen die mißbrauchten Frauen ihre Erfahrungen in die Öffentlichkeit zu tragen. Die Beweise gegen Brain konnten von der Church of England bald nicht mehr als Groll einzelner Enttäuschter abgetan werden.

BRAINS RÜCKZUG

•

Im August 1995 gab Brain angesichts der wachsenden öffentlichen Vorwürfe zu, sich gegenüber etwa 20 Mädchen aus seiner Gemeinde bei „Heilungsgesprächen" in seinem Haus unpassend – wie er es nannte – verhalten zu haben. Die „Neun-Uhr-Messe", so soll er gesagt haben, sei die Entdeckung „einer postmodernen Definition von Sexualität innerhalb der Kirche". In der Folge suspendierte der Erzbischof von York Brain vom Priesteramt und warf ihm vor, einen Kult innerhalb der Amtskirche betrieben zu haben. Er wurde dazu überredet, sich auf Kosten der Erzdiözese Sheffield in psychiatrische Behandlung zu begeben. Brain lehnte es zunächst ab, aus dem Priesteramt auszuscheiden. Im November 1995 erhielt der Diözesanbischof von Sheffield, David Lunn, allerdings ein Schreiben von Brains Anwälten, das seinen Rückzug aus der Kirche ankündigte. Dies geschah kurz vor Ausstrahlung einer Sendung aus der BBC 1-Serie „Everyman", in der frühere Mitglieder seiner Gemeinde Details über das Umfeld seiner an Raves erinnernden Gottesdienste enthüllten.

INDEX

QUELLENVERZEICHNIS

American Family Foundation, *Cults – What Parents should Know,* Lyle Stuart, Carol Publishing Group, 1951

Atack, Jon, *A Piece of Blue Sky,* Lyle Stuart, Carol Publishing Group, 1990

Christie-Murray, David, *A History of Heresy,* Oxford University Press, 1989

Christie-Murray, David, *Voices from the Gods,* Routledge and Keegan Paul

Diverse, *The Oxford History of England,* Oxford, Ausgabe 1989

Ferguson, John, *Religions of the Roman Empire,* Thames and Hudson, 1982, Neuauflage

Hamilton, Bernard, *Religions in the Medieval West,* Edward Arnold, Hodder and Staughton, 1986

Jordan, Michael, *Gods of the Earth,* Bantam Press, Transworld Publishing, 1992

Jordan, Michael, *Encyclopedia of Gods,* Kyle Cathie, 1992

Lane Fox, Robin, *Pagans and Christians,* Penguin Books, Ausgabe 1988

Luhrmann, T.M., *Persuasions of the Witch's Craft,* Blackwell, 1989 (Picador Ausgabe, 1994)

Perry, N. and Exheverria, L., *Under the Heel of Mary,* Routledge, 1988

Ritchie, Jean, *The Secret World of Cults,* Angus and Robertson, Harper Collins, 1991

Robertson, James M., *The Nag Hammadi Library in English,* EJ Brill, Leiden, 1988

Southern, R.W., *Western Society and the Church in the Middle Ages,* Penguin, 1970

Tabor, James D. and Gallagher, Eugene V., *Why Waco?* University of California Press

Thomas, Keith, *Religion and the Decline of Magic,* Peregrine Books (Neuauflage 1978)

Valiente, Doreen, *The Rebirth of Witchcraft,* Robert Hale, London, 1989

Waite, Arthur E., *The Book of Black Magic,* Samuel Weiser, Maine, 1972

The Observer, The Daily Mail, The Daily Telegraph, The Times, The Sunday Times und die *BBC*-Serie *Everyman*

DER DANK DES AUTORS GEHT AN:

Joy Caton, Ian Haworth, die Diözese Sheffield sowie Richard und Bonnie Woods für ihre Beratung bei bestimmten Themen.

Für die freundliche Genehmigung zur Reproduktion der Fotografien und Illustrationen dankt der Herausgeber:

Ancient Art & Architecture Collection
20, 21, 33(o)

AKG London 1, 3, 5(ol), 8,10,12,15,17(u),18, 23, 24, 25(u), 27, 29(ol), 29(Mr), 30, 31, 32, 38, 81, 82

Associated Press 57, 68

Bridgeman Art Library 16

British Museum 13(o), (u)

Jean-Loup Charmet 2, 7, 39, 83, 84, 86;

Corbis/Bettmann 59, 61, 62,103, 109, 118, 123

Fortean 89

Sonia Halliday 22, 25(o), 26, 28

Hulton Getty 45(ol), 48, 49, 53, 67, 75, 91

Images Colour Library 4, 5(ul), 43, 52, 76, 78-79

Michael Jordan 19(o)

Mansell Collection 44, 87, 88, 99

Mary Evans Picture Library 14, 19(u), 33(u), 34, 35, 51, 90, 92, 93

Maureen Gavin Picture Library 40, 46, 54, 55

Lubinsky 80, 85, 90

Mirror Syndication International 71

PA News 72, 98

Popperfoto 42, 50, 63, 74, 95, 96, 102, 104, 105, 106, 108, 111, 114, 120

Zev Radovan, Jerusalem 11, 17(o)

Rex Features 5(or, ur), 36-37, 41, 45(Mr), 47, 56, 58, 60, 62, 63, 66, 69, 70, 73, 77, 94, 97, 99, 100-101, 107, 110, 112, 113, 115, 116, 117, 119, 121, 122, 124, 125